Fr. 22,- DM 24,- ÖS 205,-

Heinz Zimmermann
Robin Schmidt

Anthroposophie studieren

HEINZ ZIMMERMANN
ROBIN SCHMIDT

Anthroposophie studieren

Zum selbständigen Umgang mit dem Werk
Rudolf Steiners
in Einzelstudium und Gruppen

VERLAG AM GOETHEANUM

Einbandgestaltung von Gabriela de Carvalho

Satz: Heiko Hanekop
Druck und Bindung: Freiburger Graphische Betriebe

ISBN 3-7235-1029-9

INHALT

VORWORT

Das vorliegende Büchlein zielt auf zweierlei. Erstens soll es die zentrale Bedeutung des schriftlichen Werkes Rudolf Steiners und dessen sachgemäßes Studium aufzeigen; zum anderen will es praktische Anregungen und Handreichungen geben sowohl für den, der für sich Anthroposophie studiert, als auch für die Arbeit in der Gemeinschaft. Es setzt also schon den Willen des Lesers voraus, sich mit Anthroposophie zu befassen. Dabei haben sich die Verfasser an das gehalten, was Steiner selbst über seine Texte ausgeführt hat. So bezeichnet er deren Studium mehrfach als die erste Stufe einer Fähigkeitsentwicklung zur Forschung auf geistigem Feld. Zum erweiterten Verständnis haben wir im Anhang einige charakteristische Äußerungen abgedruckt, die seinen Stil und seine Darstellungsmethode und die daraus folgenden Anforderungen an den Leser betreffen.

Es hängt viel davon ab, ob es gelingt, an die eigentlichen Quellen heranzukommen. Zum einen bilden sich nur so Menschen heran, die die Anthroposophie eigenständig vor der Welt vertreten können, zum andern ist es eine Erfahrungstatsache, daß sich so für den einzelnen neue Lebenskräfte, für die Gruppe eine tragfähige Gemeinschaftsbasis erschließen können.

Wie in der Bibliographie ersichtlich ist, gibt es zu diesem Thema eine Fülle von Büchern und Aufsätzen. Darin sind auch besondere Methoden des Vorgehens beschrieben. Uns geht es aber nicht um eine neue Methode, sondern einfach darum, Mut zu machen, sich mit Steiners Werken intensiver zu beschäftigen, und dazu aus der praktischen Erfahrung heraus auf Möglichkeiten und Klippen hinzuweisen. Zu diesem Zweck findet sich im letzten Kapitel eine auch für sich lesbare Zusammenstellung geeigneter Vorgehensweisen mit dem Schwerpunkt der Arbeit in Gruppen. Es gibt keine Anregung, die nicht in den verschiedensten Arbeitszusammenhängen erprobt worden wäre. So wendet sich das Büchlein besonders an verantwortliche Gruppen- und Kursleiter, darüber hinaus aber natürlich an alle an Anthroposophie Interessierte. Es ist aus der Beobachtung entstanden, daß aus den verschiedensten Gründen das Studium der Anthroposophie vielfach nicht befriedigt und deshalb unterbleibt oder sich zur Vermittlung einer Lehre reduziert, vor allem aber aus der Erfahrung, wie begeisternd eine Arbeit an der Anthroposophie sein kann.

Die Verfasser haben das Konzept und die Disposition in gemeinsamen Gesprächen ausgearbeitet und verantworten das Ganze auch gemeinsam. Die Ausführung der Kapitel 1 bis 6 stammt von Heinz Zimmermann, diejenige von Kapitel 7 sowie der Anhang von Robin Schmidt.

Heinz Zimmermann und Robin Schmidt

1. GRUNDLAGEN DES STUDIUMS

Wie begegnen wir der Anthroposophie?

So unterschiedlich wie das Menschenleben ist, so mannigfaltig sind die Umstände, wie jemand der Anthroposophie begegnet. Eine Mutter hört durch eine Freundin von einem besonders guten Arzt, der Anthroposoph ist, ein Student sieht eine Schule in einem ungewohnten Baustil und kommt so zur Waldorfpädagogik, eine Schülerin kauft sich am Bahnhofskiosk eine Taschenbuchausgabe von Rudolf Steiners Buch «Wie erlangt man Erkenntnisse der höheren Welten?», weil sie der Titel fasziniert, wieder andere erleben Anthroposophie schon im Elternhaus oder bei guten Freunden und so weiter. Der Weg ist jedenfalls höchst verschieden und folgt keinen äußeren logischen Gesetzmäßigkeiten. Ich weiß von einem Menschen, der von England kommend in Basel mehrere Tage Aufenthalt hatte. Er hätte mühelos das 10 km entfernte Goetheanum besuchen können. Aber es unterblieb. Statt dessen lernte er Anthroposophie durch bestimmte Menschenbegegnungen einige Zeit später bei einem Aufenthalt in Australien kennen. Gewiß ein extremes Beispiel, das aber zeigt, daß die Begegnung mit dem Werk Steiners sehr persönlich ist.

Hat man diese erste Begegnung hinter sich und fühlt sich von der Sache angetan, so sucht man nach Vertiefung. Auch da gibt es viele Wege. Ein klassischer besteht darin, daß man Einführungsvorträge hört, dann vielleicht Mitglied der Allgemeinen Anthroposophischen Gesellschaft wird und nach und nach tiefer in die Materie eindringt. Dabei können sich mancherlei Hindernisse ergeben. Vielleicht schließt man sich einer Arbeitsgruppe an und begegnet einer Glaubensgemeinschaft, die sich den Offenbarungen Rudolf Steiners hingibt, ohne eigene Erkenntnisbemühung. Man weiß schon bald, daß man hier seine Fragen nicht stellen wird, da man gewiß nicht verstanden würde. Ist denn Anthroposophie nicht von Rudolf Steiner eine «Geisteswissenschaft» genannt worden? So fragt man sich. Vielleicht entschließt man sich dann, sich einer Gruppe anzuschließen, von der man gehört hat, daß hier mit wissenschaftlichem Denkeranspruch an Steiners «Philosophie der Freiheit» schon seit Jahren intensiv gearbeitet wird. In einer anderen Art mag man sich dann als Fremdkörper vorkommen. Aus lauter Angst, das geforderte Niveau nicht erreichen zu können, hält man sich auch hier zurück und resigniert. Endlich versucht man es ein drittes Mal mit einer Gesprächsgruppe, wo wirklich keine Voraussetzungen von den Teilnehmern verlangt werden. Es wird ein gemütlicher Abend, an dem man sich über allerlei Fragen austauscht und dazu interessante Äußerungen Steiners hört. Ein Plauderabend war es aber doch auch nicht, was man suchte, und so entschließt man sich denn, auf eigene Faust dem Werk Steiners näherzukommen.

Als pädagogisch Interessierter kauft man sich die «Allgemeine Menschenkunde als Grundlage der Pädagogik», aber nach zwei von vierzehn Vorträgen fühlt man sich völlig überfordert und endgültig gescheitert. Man hat nichts verstanden von dem, was man gelesen hat. Durch den Titel irregeleitet, ist man an eines der anspruchsvollsten Vortragswerke Steiners gekommen, das einen in der Anthroposophie fortgeschrittenen Zuhörer voraussetzt. Aber selbst bei den einführenden Grundwerken wie «Die Philosophie der Freiheit», «Theosophie», «Wie erlangt man Erkenntnisse der höheren Welten?» oder «Die Geheimwissenschaft im Umriß» stößt man auf Hindernisse. So befremdet einen vielleicht der eigenartige Stil und die scheinbar unsystematische Darstellung. Und wenn man sich durch einige Kapitel durchgearbeitet hat und sich besinnt, was man von dem Gelesenen noch weiß, stellt man bestürzt fest, daß sich das Erarbeitete einer präzisen Erinnerung entzogen hat.

Aus solchen und ähnlichen Erfahrungen heraus kann man leicht verstehen, daß es viele gibt, die mit einem selbständigen Studium anthroposophischer Bücher scheitern und lieber zur leichter lesbaren Sekundärliteratur greifen, die die Dinge oft klarer und direkter darzustellen scheint, oder man hält sich an Redner, die einen in schlichteren Worten über die anthroposophischen Grundbegriffe aufklären, so daß man sie dann auch im Gedächtnis verfügbar hat. Ja, es gibt sogar Stimmen, die sagen, man müßte Steiners Werk in einen zeitgemäßen, verständlichen Stil umschreiben, um es überhaupt noch dem Leser nahebringen zu können. Tatsächlich läßt sich Thorwald Detlefsons Buch «Schicksal als Chance» als Bettlektüre zu Gemüte führen, während man beim Lesen des Kapitels «Wiederverkörperung und Schicksal» aus Steiners «Theosophie» schon nach zwei Abschnitten erschöpft ist.

Nun hängt aber das Schicksal der Anthroposophie tatsächlich davon ab, ob der nach ihr Suchende die Wege zu einer fruchtbaren, selbständigen Beschäftigung mit Rudolf Steiners Werk findet. Der Hang zur Oberflächlichkeit, der Wunsch nach rascher Information und die Bequemlichkeit, die davor zurückschreckt, sich zu eigener Aktivität aufzuraffen und auf einen längeren Prozeß einzulassen – sie sind die Feinde, die den Zugang zum autonomen Studium verbauen. Weil die Anthroposophie den selbständigen Zeitgenossen ansprechen will, eröffnet sie sich nur dem, der sie intensiv genug sucht, weil er Fragen hat, ohne deren Beantwortung sein Leben keinen Sinn hätte. Ein solcher Zeitgenosse wird sich auch nicht davon abhalten lassen, einen Satz mehrmals zu lesen, bis er sich dem Verständnis erschließt.

Wer mit echten Erkenntnis- und Lebensfragen an die Anthroposophie herankommt, wird sich weder von der Überfülle des Werkes abschrecken lassen noch systematisch sein Studium mit der GA 1 beginnen.

Gibt es bestimmte Wege, mit Steiners Büchern allein oder in Gruppen fruchtbarer zu arbeiten? Wie umschifft man die Klippen blinder Gläubigkeit und unfruchtbarer, kritischer Analyse? Diese Fragen lassen sich besser beantworten, wenn wir uns erst aufklären, wie Steiners Werke entstanden sind, welchen Charakter sie tragen und was es mit ihrem eigenartigen Stil auf sich hat.

Wie sind die Werke Rudolf Steiners entstanden?

Rudolf Steiner wird nicht müde, dem Leser klarzumachen, daß es sich in der Anthroposophie um Ergebnisse geistiger Forschungen handelt. Was heißt das und was bedeutet es für das Studium? Hierzu wollen wir uns eine Vorstellung von der Qualität einer übersinnlichen Welt bilden. Wenn wir gerade vor der Lösung einer geometrischen Aufgabe stehen, können wir das Erlebnis haben, daß sich in einem Augenblick die ganze Fragestellung aufklärt, aber nicht in einem räumlichen Nebeneinander, oder schön geordnet in Einzelschritten, sondern als blitzartiges Augenblicksgeschehen, in dem sich alle nebeneinander liegenden Vorgänge zu einem Gesamtorganismus durchdringen. Die folgende Arbeit besteht dann in dem mühsamen Umsetzen des Blitzerlebnisses in einen schlüssigen, von andern nachvollziehbaren Gedankengang, der auch dem einleuchten kann, der das beschriebene Erlebnis nicht hatte. Da das Übersinnliche außerhalb von Raum- und Zeiterleben wirkt, ist es auch eine Welt, in der die Menschensprache aufhört. Es ist eine wortlose Welt der Bewegung und Beziehung, die so flüchtig im Einfall erscheinen kann, daß sie sich unter Umständen gleich wieder dem Zugriff entzieht.

Was hier in Form eines Einfalls nur als eine kurze geistige Berührung erlebt wird, das ist für den Geistesforscher das Feld, in dem er forscht. Dazu braucht er die Gabe übersinnlicher Wahrnehmung und außerdem – soll es Erkenntnis werden – die im Denken erfaßte entsprechende Begrifflichkeit. Das Denken ist also das vermittelnde Organ für denjenigen, der zwar nicht die übersinnliche Wahrnehmung hatte, dennoch aber das Ergebnis verstehen kann. Allerdings nur dann, wenn es der Geistesforscher in eine entsprechende Gedankenform umgesetzt hat. Das Denken selber ist eine übersinnliche Tätigkeit, die aber meist auf die Welt der Sinnesdinge bezogen wird. Indem sich Anthroposophie zuerst dem Denken erschließt, erfassen wir sie mit unserer allerbewußtesten, wachsten Tätigkeit. Somit können wir nie unsere Autonomie verlieren, weil unsere Urteilstätigkeit gefordert wird. Das Aufnehmen der Anthroposophie in Form von Gedanken ist der Anfang des eigenständigen Studiums. Es bildet den ersten Schritt auf einem Weg, der selber in die Sphäre der übersinnlichen Welt führen kann.

Die Geisteswissenschaft muß also in eine Form gegossen sein, in der die oben beschriebene Qualität der Geistwelt verzaubert ist und durch die entsprechende Erarbeitung wieder entzaubert werden kann.

Um dies besser zu verstehen, müssen wir uns nochmals Rudolf Steiners Weg von der übersinnlichen Forschung zu ihrer gedanklichen Umsetzung und sprachlichen Darstellung zuwenden. Wir können diese Arbeit nicht hoch genug einschätzen. Sie ist zweifache Übersetzungsaufgabe. Die erste besteht im Umsetzen des Erfahrenen in ein gedankliches Nacheinander, in die adäquate Komposition aus dem Panoramabewußtsein heraus. Die zweite erfordert das Umgießen in eine Sprache, die sich normalerweise auf Sinnliches und von diesem Abstrahiertes bezieht. Beides zusammen ergibt einen spezifischen Stil. Es ist von Rudolf Steiner immer angestrebt, das Gemeinte in einer solchen Form auszusprechen, daß sie der Schlüssel ist zu der Welt, in der es gar keine Menschensprache gibt. Es ist die Aufgabe, die viele Mystiker, auch viele Dichter, besonders des 20. Jahrhunderts andeuten, wenn sie im Erlebnis der Ohnmacht versuchen, das in Worte zu fassen, was unsagbar ist. Wir kennen diese Not ja auch im Gespräch, wo wir das Tiefste, das uns bewegt, oft nicht in Worte fassen können und mit tiefer Dankbarkeit erleben, wenn der andere durch das Unvollkommene hindurch das Eigentliche hört. Wir stehen also vor zwei Grenzerfahrungen: zum einen, daß der Einzelgedanke nicht die Wahrheit ausspricht, zum anderen, daß die Sprache auf ein Wortloses weist.

Immer wieder spricht Rudolf Steiner von diesem Prozeß als einem Ringen mit dem Geist der Sprache, als einem Kampf um die adäquate Darstellungsform. Man kann dieses Ringen nur richtig würdigen, wenn man die Form seiner Werke mit Kunstwerken vergleicht. Der echte Künstler muß ja auch darum ringen, das Übersinnlich-Inspirative durch Sinnesmittel so zu gestalten, daß sich der Betrachter oder Hörer durch diese Sinnesgestalt zum Übersinnlichen erheben kann. Und genauso wie man das Wesentliche von Schillers «Don Carlos» nicht erfaßt, wenn man sich im Dramenführer über den Handlungsverlauf kundig macht, genausowenig hat man von der Anthroposophie erfaßt, wenn man das Wie von dem Was trennt. Das allererste also, was von uns im Studium der Anthroposophie gefordert wird, ist, daß wir die Form, in der sie erscheint, genügend ernst nehmen.

Welche Möglichkeiten gibt es denn, geistig Geschautes sprachlich zu formulieren? Diese Frage weist uns auf die Ausdrucksformen der Sprache und illustriert gleichzeitig die Entstehung der geisteswissenschaftlichen Werke und ihre Stileigentümlichkeiten.

In welchem Gewand erscheint die Anthroposophie?

Ein ganz wichtiges Gestaltungselement ist das Kompositionelle. Wie entfaltet sich ein Gedanke im zeitlichen Nacheinander? Wie gestalten sich die Beziehungen der Gedanken zueinander im Zeitverlauf? Wie ist die Folge der Sätze und Abschnitte? Eine zweite Ebene ist diejenige der Wortwahl, zu der ich auch die Bildhaftigkeit zählen möchte, und eine dritte die Lautgestaltung, die insbesondere in der Spruchdichtung in Betracht kommt.

Aufgrund dieser Elemente können wir zunächst einige Stilmerkmale, die sich dem aufmerksamen Leser ergeben, anführen. Im nächsten Kapitel wollen wir dann die daraus folgenden Konsequenzen für den Leser erörtern. Dabei müssen wir beachten, daß nicht in jedem Werk alle Stilmerkmale erscheinen.

Der geisteswissenschaftliche Stil ist charakterisierend, nicht definierend. Das heißt, die Inhalte verdichten sich allmählich, indem immer neue Elemente hinzutreten. Dadurch entsteht keine Systematik, sondern eine Organik, die sich durch gegenseitige Beziehungen der Aussagen bildet. Auf der Wortebene bedeutet dies, daß keine bleibende Verbindung von Wort und Begriff angestrebt wird, sondern daß der Leser immer erst aus dem Zusammenhang das von einem Wort Bezeichnete verstehen kann. Das gleiche Wort kann also verschiedene Begriffe bezeichnen, verschiedene Worte können auf denselben Begriff deuten. Wer sich auf diesen Stil einläßt, kann nie auf einer einmal gegebenen Begriffsbestimmung ausruhen, sondern muß sich dauernd in dem Gedankenprozeß mitbewegen. Das Nebeneinander und Nacheinander sind dem Wesen nach Gleichzeitigkeit und Durchdringung. Im Kleinen ist die starke Variation in der Wortfolge der Sätze zu bemerken.

Besonders auffällig ist, wie wenig spontan eingängig der Stil ist. Das gilt besonders für das 2. Kapitel der «Theosophie», wo Steiner den Wiederverkörperungsgedanken entwickelt und das er mehrmals umarbeitete. Scheinbar distanziert unpersönlich, mit zum Teil kompliziertem Satzbau fordert dieser Stil den Entschluß des Lesers heraus, sich mit dem Stoff wirklich auseinanderzusetzen. Es ist das Gegenteil eines suggestiven Stils. Rudolf Steiner spricht im «Lebensgang» davon, daß er seine eigenen Gefühle und seine eigene Wärme zu einem «trockenen, mathematischen Stil» herabgedämpft habe. Ein solcher Stil fordert den freien Menschen. Die Wärme und Begeisterung sollen durch Eigenaktivität entstehen, nicht vom Autor erzeugt werden (siehe Anhang 2, c).

Wo es darum geht, geistige Vorgänge zu schildern, bedient sich Rudolf Steiner oft der indirekten Charakterisierung durch Vergleiche aus der Sinneswelt, durch Bilder und Gleichnisse.

Ein Mittel auf der Wortebene, eine geistige Tatsache sprachlich zu fassen, sind die Wortschöpfungen, insbesondere durch Zusammensetzung und adjektivische oder partizipiale Beifügung. «Begierdenglut» und «fließende Reizbarkeit» bezeichnen zum Beispiel bestimmte Bereiche im Seelenreich, «Bildekräfteleib», «Lebensleib» und «Ätherleib» sind drei Bezeichnungen für das erste übersinnliche Glied der Leibesorganisation.

Es gibt von Rudolf Steiner selbst mannigfache Hinweise auf die Besonderheiten seines Stils. Aus einer Äußerung über die verschiedenen Stilarten im Kapitel «Die Weltentwickelung und der Mensch» der «Geheimwissenschaft im Umriß» wird uns aber klar, daß es neben einem Grundstil viele Stilarten sogar innerhalb eines Werkes gibt. So führt er aus, er habe den «alten Saturn» in einem architektonischen Stil, die «alte Sonne» in einem plastischen, den «alten Mond» in einem malerischen Stil zu charakterisieren versucht.[1] An anderer Stelle sagt er mit Bezug auf das gleiche Kapitel, den «alten Saturn» habe er als eine Frühlings-, die «alte Sonne» als Johanni-, den «alten Mond» als Herbstes- und die Erdent-

---

[1] In: GA 275, die Kunst im Lichte der Mysterienweisheit, S. 59f.

wicklung als Winterstimmung beschrieben (siehe Anhang 2, o).

Der Stil der frühen Schriften mit ihrem philosophischen Duktus unterscheidet sich stark vom bildhaften Stil von «Das Christentum als mystische Tatsache». In dem Buch «Von Seelenrätseln» sind wir mit einem äußerst konzentrierten Stil (besonders im ersten Kapitel) konfrontiert, «Ein Weg zur Selbsterkenntnis des Menschen» ist wie ein meditatives Gespräch – ähnlich «Wie erlangt man Erkenntnisse der höheren Welten?».

Die «Leitsätze» wiederum sind wie zu Runen verdichtet, «Die Briefe an die Mitglieder» strahlen dagegen warme Verbindlichkeit aus. So könnte man alle schriftlichen Werke einzeln anführen und würde die unterschiedlichste Diktion finden.

Alle diese Werke Rudolf Steiners sind aus einer bestimmten Konstellation entstanden und keineswegs abstrakt geplant worden. Ohne den Tod Brentanos und Dessoirs Anthroposophiekritik wäre «Von Seelenrätseln» kaum erschienen, die «Kernpunkte der sozialen Frage» wurden im Zusammenhang mit dem Dreigliederungsimpuls 1919, «Die Schwelle der geistigen Welt» im Zusammenhang mit den Aufführungen der vier Mysteriendramen in München 1913 verfaßt. Es gibt aber auch den Fall, daß ein geplantes Werk nicht zur Ausführung kommt. Das Buch «Anthroposophie» – heute unter dem Titel «Anthroposophie. Ein Fragment» erschienen, sollte 1910 als eine Ästhetik auf der Grundlage einer neuen Sinneslehre herauskommen. Aus Zeitgründen und weil die Sprache dafür noch nicht zureichend zur Verfügung stand, unterblieb die Publikation, von der schon die ersten Druckfahnen vorlagen. Ganz besonders bei dem gewaltigen Vortragswerk gehören immer die Zuhörer, die Veranstalter und der unmittelbare Anlaß dazu. Das Bild des allweisen Verkünders muß ersetzt werden durch das Bild des Forschers, der auf die Umstände warten muß, um wirksam werden zu können, der mit gewissen Forschungsergebnissen jahrzehntelang prüfend umgehen muß, bevor er sie veröffentlichen kann, der ganz in den Zeitereignissen drinnen steht und auch daraus sein Lebenswerk entfaltet. Das macht ihn nicht kleiner, sondern größer, zumal man innerhalb dieser Entwicklungsschritte sowohl in seiner Biographie wie in seinen Werken gleichzeitig einen organischen Gesamtkosmos erblicken kann, von dem man den Eindruck haben kann, es dürfe kein Stück fehlen, ein Werk stütze das andere.

Gleichwohl hat sich mit Recht ein gewisser Kanon der sogenannten Grundwerke herausgebildet, als ein sicheres Fundament anthroposophischen Studiums. Diese Vierheit kann in gewissem Sinn stellvertretend für alle anderen Schriften stehen und wurde auch von Rudolf Steiner so angesehen.

1. «Die Philosophie der Freiheit» (1894) als Schulungsbuch für das leibfreie Denken als Erkenntnis- und Handlungskeim,
2. «Theosophie» (1904) als Grundbuch der anthroposophischen Wesenskunde,
3. «Wie erlangt man Erkenntnisse höherer Welten?» (1904/5) als Übungsanweisung zu eigener Geistesschulung und

4. «Die Geheimwissenschaft im Umriß» (1910) als Zusammenschau des Ganzen unter dem Aspekt der Entwicklung.

Diese Werke bilden ein Fundament der Anthroposophie. Daß es aber neben diesen Werken viele andere einführende und grundlegende Darstellungen gibt, zeigt, wie wenig systematisch Rudolf Steiner vorgegangen ist und wie vielfältig dadurch die Möglichkeiten des Zugangs zur Anthroposophie sind.

2. DER UMGEKEHRTE WEG VON FORSCHER UND LESER

Rudolf Steiner als Geistesforscher ist in seinen Werken den Weg vom Geistesschauen zur Gedankenform und deren sprachlichem Ausdruck gegangen. Der Leser findet nun in diesen Sprach- und Gedankenformen die Anregungen, durch Eigentätigkeit den umgekehrten Weg zu gehen. Ist es dem Geistesforscher gelungen, eine solche Form zu finden, daß in ihr noch das Wesen des Übersinnlichen verborgen ist, so kann derjenige, der diese Werke durcharbeitet, schrittweise durch die Form zum Erlebnis und schließlich zum eigenen Schauen dieses Übersinnlichen kommen. So bezeichnet Rudolf Steiner denn auch den Weg des Geistesschülers als einen Weg vom Denken zum Schauen. Sein eigener Weg für die Darstellung ist derjenige vom Schauen zum Denken und schließlich zur adäquaten sprachlichen Gestalt. Formelhaft ausgedrückt: Der Geistesforscher bringt das Wesen zur ihm entsprechenden Form, der Studierende gelangt stufenweise von der Form zum Wesen.

Wenn wir diesen umgekehrten Weg von Forscher und Leser anerkennen, dann ergeben sich wichtige Ansätze zum fruchtbaren Studium. Die erste und zugleich wichtigste Folge für den Leser ist, daß er die Sprach- und Gedankenformen, in der die übersinnlichen Forschungsergebnisse erscheinen, viel ernster nimmt, als man das sonst gewohnt ist. Steiner vermittelt nicht einfach einen Inhalt, sondern der Inhalt erschließt sich einem erst, wenn er aus der gegebenen Form durch geistige Anstrengung entzaubert wird. Das geschieht auf verschiedenen Ebenen. Natürlich müssen wir auf einer ersten oberflächlichen Stufe den Text einfach inhaltlich lesen und zunächst die vordergründige Bedeutung der Abschnitte, Sätze und Worte erfassen. Doch wir dürfen dabei keinesfalls stehenbleiben. Durch die Form der Darstellung können wir uns anregen lassen, mehr auf das Wie zu achten. Wir fragen uns dann, wenn wir den Inhalt einigermaßen aufgenommen haben, wie die Gedankenfolge ist. Wie entfaltet sich eine Aussage im zeitlichen Nacheinander? Wir können dabei die Beobachtung machen, daß dies nicht in einer systematischen, logisch stringenten Form geschieht, sondern so, daß derselbe Gedanke von verschiedenen Seiten beleuchtet wird. Folgen wir dann dieser Gedankenentwicklung, werden wir gewahr, daß uns dies in eine ganz andere Erlebnisschicht führt, als wenn wir den Text bloß als eine Information aufnehmen.

Wir merken aber auch schon bald, daß es Mut und Aktivität erfordert, in eine solche Denktätigkeit zu kommen. Denn wir müssen dabei die üblichen festen Begriffspfähle beiseite schaffen, um in eine Begriffsbewegung hineinzufinden. Diesen Schritt müssen wir erüben und lernen, vom festen Land abzustoßen und uns auch im flüssigen Element zurechtzufinden. Wir können allerdings erst dann wirklich abstoßen und uns im Wasser bewegen, wenn wir uns die einzelnen Gedankenschritte in zureichendem Maße angeeignet haben. Wir kommen kaum darum herum, Abschnitt für Abschnitt durchzuarbeiten, in eigenen Worten wiederzugeben, zusammenzufassen und schließlich ohne Benutzung des Buches zu rekapitulieren. Wir werden auf die verschiedenen Methoden später im einzelnen noch eingehen. Dann aber geht es darum, sich im aktiven Nachvollzug des Ganzen in den lebendigen Gedankenorganismus einzuleben.

Gesichtspunkte der Komposition

In einem Vortrag (7. September 1924) beschreibt Rudolf Steiner mit folgenden Worten sein Stilideal: «*Wer im Stile schreibt, muß, wenn er einen Aufsatz zu schreiben beginnt, im ersten Satze den letzten haben. Ja, er muß sogar mehr Aufmerksamkeit dem letzten Satz zuwenden als dem ersten, und wenn er den zweiten Satz schreibt, muß er den vorletzten Satz im Sinne haben. Einen einzigen Satz im Sinne zu haben, ist nur in der Mitte des Aufsatzes gestattet. Man schreibt also, wenn man in der Prosa Stilgefühl hat, seinen Aufsatz aus dem Ganzen heraus.*»[2] Hier begegnet uns die Goethesche Methode, daß man nämlich einen Satz nicht isoliert als Ausdruck eines Gedankens betrachten darf, sondern ihn in einer Verbindung mit dem, was nachfolgt und vorausgeht, zu sehen hat.

[2] Vortrag vom 7. 9. 1924, GA 282, S. 97.

Nun darf natürlich eine solche Äußerung nicht pedantisch genommen werden; es geht um das Prinzip, daß ich in jedem Teil das Bewußtsein des Ganzen habe und aus einem Zentralgedanken heraus das Ganze konzipiere. Es ist das Urprinzip des Dramatischen. Ein Beispiel für dieses Kompositionsprinzip findet sich im ersten Kapitel der «Philosophie der Freiheit». Es enthält insgesamt 19 Abschnitte. Der mittlere, zehnte enthält die Kernaussage: *«Den Handelnden und den Erkennenden unterschied man und leer ist nur der ausgegangen, auf den es vor allen andern Dingen ankommt: den aus Erkenntnis Handelnden.»* Die vorigen Gedankenschritte gipfeln in dieser Aussage und finden ihre Entsprechung und Weiterführung in den folgenden. Man findet das bestätigt in der Folge von sieben Zitaten mit Äußerungen von Philosophen zur Frage nach der menschlichen Freiheit, die Rudolf Steiner nicht als Lesefrüchte beigibt, sondern die für bestimmte Denkstufen stehen. Auffällig ist die Gegensätzlichkeit des ersten zum letzten: David Friedrich Strauß wendet sich einseitig gegen die Wahlfreiheit und führt dadurch die Freiheitsfrage ad absurdum; Hegel erkennt die Bedeutung des Denkens für den Menschen. In der Mitte steht das Zitat von Eduard von Hartmann, der die Handlung von außen (Motiv) und von innen (charakterologische Anlage) bestimmt sieht. Entsprechend bilden die übrigen Zitate Übergänge und Spielarten zu der Frage: Wie entsteht ein Entschluß? Das Gegensätzliche zu verbinden, ist das Grundmotiv des ganzen Werkes. Im 1. Kapitel ist es das Wollen / Handeln und Denken / Erkennen, das zum Aus-Erkenntnis-Handeln verbunden wird. Zusammengefaßt erscheint das schon in der Überschrift: «Das bewußte menschliche Handeln».

Je mehr wir in die Einzelheiten gehen, um so klarer sehen wir im Aufbau des ganzen Werks, wie in jedem Kapitel das Ganze enthalten ist, entweder als Keim des Späteren, als Zusammenfassung und Ergebnis des Früheren oder als Gedankenentfaltung aus einem früheren Keim. Ein solches Werk kann daher als Gedankenkunstwerk erlebbar werden. Im ursprünglichen 1. Kapitel (in den späteren Auflagen als zweiter Anhang abgedruckt) finden sich folgende Sätze: «*Die Einzelwissenschaften sind Vorstufen der hier angestrebten Wissenschaft. Ein ähnliches Verhältnis herrscht in den Künsten. Der Komponist arbeitet auf Grund der Kompositionslehre. Die letztere ist eine Summe von Kenntnissen, deren Besitz eine notwendige Vorbedingung des Komponierens ist. Im Komponieren dienen die Gesetze der Kompositionslehre dem Leben, der realen Wirklichkeit. Genau in demselben Sinne ist die Philosophie eine Kunst. Alle wirklichen Philosophen waren Begriffskünstler. Für sie wurden die menschlichen Ideen zum Kunstmateriale und die wissenschaftliche Methode zur künstlerischen Technik. Das abstrakte Denken gewinnt dadurch konkretes, individuelles Leben. Die Ideen werden Lebensmächte. Wir haben dann nicht bloß ein Wissen von den Dingen, sondern wir haben das Wissen zum realen, sich selbst beherrschenden Organismus gemacht; unser wirkliches, tätiges Bewußtsein hat sich über ein bloß passives Aufnehmen von Wahrheiten gestellt.*»[3]

---

[3] Rudolf Steiner: Die Philosophie der Freiheit, S. 270.

Die schriftlichen Grundwerke als Ausgangspunkt des Studiums

Einen solchen Stilwillen finden wir in allen schriftlichen Arbeiten. Deshalb ist für das Studium die Bedeutung des Zeitverlaufs, der Gedankenfolge von größter Bedeutung.

Die Fähigkeit, im Studium sein Denken den Formen der übersinnlichen Welt anschmiegen zu können, erwirbt man sich vorzugsweise an den genannten Grundschriften und dort namentlich an der einführenden Begriffsbildung. Bei dem Vortragswerk müssen wir den Anlaß, den Ort und die Zuhörer als wesentlich mitbestimmend berücksichtigen. Der mündliche Sprachstil ist grundsätzlich auf das Zuhören, nicht auf das Lesen angelegt und folgt dadurch ganz anderen Gesetzmäßigkeiten. Manche Vortragszyklen hat Rudolf Steiner selber umgearbeitet. An dem Vergleich der mündlichen und schriftlichen Fassung bemerkt man ausnahmslos eine Verdichtung, Objektivierung und Verschlüsselung des Vortrags, was vom Leser eine viel größere Eigentätigkeit voraussetzt. Das heißt nicht, daß man nicht auch Vorträge mit großem Gewinn durcharbeiten kann. Nur gilt noch mehr als für das Schriftliche, daß man dem Gegebenen die adäquate Methode abspürt. So wird man die schon zitierten Vorträge der «Allgemeinen Menschenkunde» mit großem Gewinn durcharbeiten können, wenn man sich schon die notwendigen Voraussetzungen eines beweglichen Begriffsvermögens angeeignet hat und mit den Grundlagen der Anthroposophie vertraut ist. Man hat auch zu berücksichtigen, daß die Teilnehmer des Kurses angehende Lehrer waren und manche Bemerkung ganz zeit- und situationsgebunden ist. Unter dieser Voraussetzung führt eine intensive Knochenarbeit an diesem Werk zu den tiefsten Erlebnissen und Erkenntnissen. Gewisse Vorträge über Christus dagegen erfordern eine grundsätzlich andere Haltung. Sie brauchen die Stimmung der damaligen Menschen, die es Rudolf Steiner überhaupt ermöglichte, solche Darstellungen zu geben. Es gibt auch Ausführungen, die weniger den wachen Gedanken als vielmehr das innere Bildvermögen ansprechen. Dazu zählen zum Beispiel die Vorträge über die Jahreszeitenimaginationen von 1923. Bekanntlich wollte Rudolf Steiner bei den Arbeitervorträgen außer den Bauarbeitern niemand dabei haben, weil er dort in einer so direkten und holzschnittartigen Weise sprechen konnte, daß Zitate, aus dem Zusammenhang gerissen, geradezu grotesk wirken.

All diese unterschiedlichen Gegebenheiten werden durch die normierende Buchgestalt verschleiert und müssen vom Leser gewissenhaft berücksichtigt werden, wenn er sich dem Vortragswerk zuwendet. Gerade deshalb ist das Studium der schriftlichen Grundwerke unverzichtbar.

Die folgenden Ausführungen beziehen sich denn auch ganz auf diese Schriften.

Was schon in einem ersten Durcharbeiten entdeckt werden kann, sind spezifische sprachliche Ausdrucksformen, bestimmte Bilder, die Häufung bestimmter Ausdrücke, markante Wörter und Wendungen. Es gibt Passagen, wo der Stil stark substantivisch, zusammenfassend und abschließend ist, andere Passagen enthalten viele Verben, oder die Ausdrucksweise ist von starker Bildhaftigkeit und so weiter. Man vergleiche unter diesem Aspekt zum Beispiel den ersten mit dem vierten Abschnitt aus dem dritten Kapitel der «Philosophie der Freiheit», um ein eindrückliches Beispiel dafür zu haben.

Je häufiger man sich mit dem Werk Rudolf Steiners beschäftigt, um so mehr wird man gewahr, wie differenziert die sprachliche Form von Werk zu Werk, aber auch innerhalb eines Werkes ist. Achten wir von Anfang an auf das Wie, dann bilden wir uns allmählich ein Stilgefühl aus, das uns befähigt, das Spezifische eines Textes zu erfassen. Ein derartiges Sensorium führt uns auch dazu, uns von dem Text selber belehren zu lassen hinsichtlich der Arbeitsweise. Jede Methode hat die Tendenz, normierend zu wirken und uns blind zu machen für das, was durch die Methode nicht erfaßt wird. Trotzdem hat natürlich jede Methode ihren berechtigten Geltungsbereich.

Wenn wir als einzigen Grundsatz festhalten, daß wir grundsätzlich die gegebene Form achten und würdigen, dann entgehen wir der Methodenmonomanie und gewinnen ein Verhältnis zu Steiners Text wie zu einem Kunstwerk. Auch zu einem Roman oder einer Novelle setzen wir uns dann in eine fruchtbare Beziehung, wenn wir von der gegebenen Form, vom Wie ausgehen. Tatsächlich gilt Schillers Ästhetik, wonach im echten Kunstwerk die Form den Stoff vertilgt, auch für die Werke Rudolf Steiners. Für Steiner gilt in erhöhtem Maße wie für jeden Sprachkünstler, aus dem Bereich des Unsagbaren in die Menschensprache zu übersetzen und im Wie das Was zu stilisieren. Dadurch aber entsteht – ebenfalls wie beim Kunstwerke – die Aufforderung an den Leser, in der bewußten Hingabe an den Stil zu dem Wesentlichen zu kommen. Bei der geisteswissenschaftlichen Darstellung ist allerdings eine erhöhte Aktivität des Lesers verlangt, weil die künstlerische Form bis in die Sphäre des Gedankens reicht. Da es sich um sprachliche Werke handelt, die das Auszusagende in einem Zeitverlauf wiedergeben, dürfen wir sie auch mit einer Partitur vergleichen. Als Leser verhalten wir uns zum Text wie der Interpret zur Partitur des Musikstückes. Wir bringen das im Text in toten Buchstaben Gegebene durch unsere Aktivität zum Leben, und zwar um so gültiger, je stärker wir uns der Form der Partitur entsprechend mit dem Werk identifizieren. Das heißt aber, daß wir uns verbindlich auf die sprachlichen Ausdrucksmittel einlassen. Und hier sei noch einmal auf die besondere Herausforderung an das Sprachvermögen dessen erinnert, der aus der Welt des Sprachlosen zu übersetzen hat.

«Was ein Begriff ist, kann mit Worten nicht gesagt werden.»[4] Diese Worte bringen das ganze Problem auf eine einfache Formel. Wenn der Begriff in seiner ursprünglichen lebendigen Form mit Worten nicht gesagt werden kann, wie soll er dann verständlich werden? Denn Sprache ist doch das Medium, durch das wir den Gedanken einem anderen verständlich machen wollen. Aus dieser Frage folgt Rudolf Steiners lebenslanges Ringen um einen Stil, der dem Rechnung trägt, daß nicht mit Worten gesagt werden kann, was ein Begriff ist. Der nächste Satz bezeichnet eine der Möglichkeiten: *«Worte können nur den Menschen darauf aufmerksam machen, daß er Begriffe habe.»* Die Sprache bekommt so den Charakter des *Hinweises* auf ganz bestimmte Erlebnisse und regt an, eigene Erlebnisse zu entdecken, durch Selbstbeobachtung innere Erfahrung zu machen. Wer das nicht nachvollziehen kann, der wird nie verstehen, worum es hier geht.

Der im letzten Kapitel beschriebene charakterisierende Stil fordert den Leser zum Nachvollziehen auf, dadurch, daß etwas von verschiedenen Seiten in bestimmten Entwicklungsstufen geschildert wird. Derart vermittelte Erlebnisse bekommen einen Evidenzcharakter. *«Es ist alles Begreifen eigentlich ein Beziehen des einen auf das andere»*, sagt Rudolf Steiner an anderer Stelle[5] zu dieser Methode. Wir können nicht

---

[4] Rudolf Steiner: Die Philosophie der Freiheit, S. 57.

[5] Vortrag vom 28. 8. 1919, GA 293, S. 105.

nur auf das eine oder nur auf das andere schauen, sondern wir müssen ihre gegenseitige Beziehung erfassen. Das aber erfordert eine besondere Geistesgegenwart des Lesers. Denn er muß jeweils nachvollziehen, inwiefern sich Worte und Begriffe im Verlauf des Textes geändert haben.

So kann sich das bewußte Erleben der Sprachform einerseits und der Gedankenbewegung andererseits gegenseitig steigern. Und so wie man zu einem Gedicht oder Musikstück, das man immer besser kennenlernt, eine Beziehung entwickelt, wie man sie zu einem geliebten Wesen hat, auf dessen Wiedersehen man sich freut, so kann sich zu einer geisteswissenschaftlichen Darstellung allmählich eine solche Wesensbeziehung entwickeln. So wie man einem Freund immer wieder begegnen möchte und es absurd wäre, zu sagen: den kenne ich ja schon, also muß ich ihn nicht mehr sehen –, so kann es einem im geisteswissenschaftlichen Studium gehen. Es gibt Werke, zu denen man immer wieder zurückkehren möchte und in der neuerlichen Begegnung Erfrischung und Stärkung findet. Zu solchen Erfahrungen kommt allerdings nur derjenige, der die erste Durststrecke der gedanklichen Erarbeitung durchgehalten hat. Ja, oft ergeben sich besonders innige Beziehungen zu solchen Werken, denen man am Anfang besonders kritisch und voller Fragen gegenüberstand. Die selbständige Auseinandersetzung gehört in jedem Fall zu den Vorbedingungen, und es gibt durchaus Werke, die einen fortwährend ärgern und herausfordern.

So kann man mit großem Gewinn die vier oben genannten Grundwerke jedes Jahr in der beschriebenen

Weise durcharbeiten, ohne das Gefühl zu haben: Jetzt habe ich alles verstanden, jetzt kann ich aufhören. Das Verstehen ist eben kein vordergründiges Verstehen, sondern ein Gedankenerleben, das sich bis zu einer geistigen Erfahrung steigern läßt.

In einer solchen Erarbeitung ist der Weg das Ziel, man hat durch die eigenen Erfahrungen ein solches Evidenzerlebnis, daß man keine äußeren Beweise mehr braucht. Erfahrungen auf dem Weg *macht* man, für sich beweisen braucht man sie nicht mehr, das wäre bloß theoretisch-absurd. Es ist aber dennoch das Gegenteil von einer unkritischen Gläubigkeit, die auf bloß passivem Hinnehmen beruht.

Arbeitet man ein Werk viele Jahre wiederholentlich durch, dann kann man die Erfahrung machen, daß man als erste Frucht der Arbeit die eben beschriebene Gedankenbewegung erlebt, einen Gedankenorganismus, in dem jeder Gedanke mit dem andern in einer lebendigen Beziehung steht. Man hat so das Nacheinander der zeitlichen Abfolge überwunden und empfindet sich in einem einheitlichen Ganzen in aktiver Begriffsbewegung. Kommt man dann später wieder zu dem gleichen Werk mit dem oben beschriebenen Erlebnis im Hintergrund, so liest man die sprachliche Ausdrucksweise mit ganz anderen Augen als das erstemal. Man gewinnt der Sprachform ein ganz neues Verhältnis ab. Dieses neue Spracherleben wiederum führt zu einer tieferen Begegnung mit dem Wesen der Sache. So führt der Stil zum sprachlosen Denken und dieses wiederum zur sprachlichen Form zurück. Es entsteht ein persönlicher fortgesetzter Umgang mit dem Buch.

Solange man die anthroposophischen Inhalte lediglich aus dem Gedächtnis wiedergibt, hat man sie sich noch nicht wirklich angeeignet. Jeder kennt sicher die Wirkung, wenn jemand Steiner bloß referiert: Es bleibt ein farbloses Zitat. Erst wenn man von dem bloßen Wiedergeben zu einem eigenständigen Neu-Hervorbringen fortgeschritten ist, hat man sich Anthroposophie so angeeignet, daß man sie selbständig und glaubwürdig vertreten kann. Das ist eine Frucht des Studiums im beschriebenen Sinn. Natürlich muß man dann auf äußere Vollständigkeit verzichten. Man wird eine Auswahl aus dem Monumentalwerk zu treffen haben, um an einigen Stellen zu der von Steiner geforderten Selbständigkeit zu kommen. Dabei kann man zweierlei bemerken: Zum einen entdeckt man, daß, wenn man einzelne Bereiche wirklich vertieft, immer eine Ganzheit erreicht wird. Der Geist ist unteilbar und erscheint gleichzeitig in unendlich vielen Formen. Alles hängt mit allem zusammen. Und gerade dadurch, daß es ein organisches Ganzes ist, kommt es nicht darauf an, möglichst viel Verschiedenes zu arbeiten, sondern an einigen Stellen exemplarisch die Sphäre der Geist-Gegenwart zu erlangen.

Zum anderen ist es auch hier wie mit einem Kunstwerk. Die Begegnung wird nur fruchtbar, wenn sie zeitgerecht ist. Und da kann man tatsächlich eine grundlegende Eigenschaft des anthroposophischen Studiums kennenlernen. Der Fortgang gestaltet sich ganz individuell. Die Selbsterkenntnis weist einen darauf, daß es bestimmte biographische Fälligkeiten gibt. Wer fein empfindet, merkt, daß mit bestimmten Entwicklungsstadien die Erarbeitung bestimmter Werke innerlich korrespondiert. Wer sich diesem Sensorium anvertraut, merkt bald, daß es ganz bestimmte Fenster sind, die sich zu ganz bestimmten Zeiten öffnen lassen. Es wird zur Entdeckerfreude gegenüber der eigenen Biographie, wie sich das innere Gespräch mit der Anthroposophie mit den Lebensjahren ausgestaltet. Sowohl zu welchen Werken man geführt wird, als auch mit welchen Menschen man arbeitet, gehört zum eigenen Schicksalsgeflecht.

Da die Anthroposophie eine Geisteswissenschaft ist und dadurch das höhere Ich anspricht, kann man ihr gegenüber nicht neutral bleiben. Alles was mit ihr zu tun hat, wird verbindlich, es betrifft das ganze eigene Wesen. Damit hängt eine grundlegende Qualität des Studiums zusammen. Die Anthroposophie spricht nicht nur den Wissensdrang an, sondern ebenso die Empfindung und den Willen. Gerade weil das so ist, weil sie auch die eigene moralische Instanz herausfordert, weil Erkenntnis und Ethik verbunden sind, kann sie einen auch zunächst unangenehm berühren und Widerspruch hervorrufen. Weil Gefühl und Wille ebenso als Aufnahmeorgane gefordert sind wie das Denken, bezweifelt man dann auch ihre Wissenschaftlichkeit. Das hängt mit der Qualität des lebendigen Geistes selbst zusammen, der Quelle und Ziel der Geisteswissenschaft ist. Man ist als ganzer Mensch involviert und kann nicht einfach neutraler Zuschauer bleiben. Was vorher mit dem Schritt vom definitorischen zum Begriffe-bewegenden Denken beschrieben wurde, ist nichts anderes, als daß der Wille im Denken gesteigert wird. Ein derartiges Denken muß aktiv gewollt sein, sonst kommt es gar nicht zustande. Ist es aber zustande gekommen, so lebt auch das Gefühl unmittelbar in ihm. Das heißt, in einem solchen Denken sind Wille und Gefühl ganz dabei. Deshalb kann man auch von einer Begriffskunst sprechen.

Es gehört zum Charakter der Gedanken, die sich auf das Übersinnliche beziehen, daß sie mit den stärksten Gefühlen verbunden werden können und sollen, damit sie sich wirklich mit dem Erkennenden verbinden. In einer kurzen Formel kann man sagen: Geistige Erkenntnis wandelt den Erkennenden. Das gilt aber auch umgekehrt: Nur indem man sich entwickelt, kommt man zu bestimmten Erkenntnissen. Das betrifft ganz besonders denjenigen, der die Organe für Geisterkenntnis schulen will. Zwei Grundbedingungen beschreibt Rudolf Steiner für den Geistesschüler als Voraussetzung höherer Erkenntnisstufen: Zum einen die Achtung und Demut gegenüber dem Höheren: «*Wenn wir nicht das tiefgründige Gefühl in uns entwickeln, daß es etwas Höheres gibt, als wir sind, werden wir auch nicht in uns die Kraft finden, uns zu einem Höheren hinaufzuentwickeln. [...] Höhe des Geistes kann nur erklommen werden, wenn durch das Tor der Demut geschritten wird.*»[6] Zum andern die aktive Verwandlung von Erkenntnissen in Tatenkeime: «*Jede Idee, die dir nicht zum Ideal wird, er-*

---

[6] Rudolf Steiner: Wie erlangt man Erkenntnisse der höheren Welten?, S. 20.

tötet in deiner Seele eine Kraft; jede Idee, die aber zum Ideal wird, erschafft in dir Lebenskräfte.»[7]

Die Umwandlung des natürlich ablaufenden Alltagsdenkens, des spontanen Alltagsfühlens und des leibgebundenen Alltagswollens in ein geläutertes, selbstbestimmtes Denken, Fühlen und Wollen begleitet von Anfang an den Weg des Geistesschülers. Es ist die notwendige Ergänzung und Bedingung eines fruchtbaren meditativen Lebens.

All diese Eigenschaften – Umwandlung des Denkens, Fühlens und Wollens, Steigerung der Eigenaktivität, Idealismus und Respekt vor dem Höheren –, all diese Fähigkeiten werden auf einer ersten Stufe innerhalb des Studiums der Werke entwickelt. Auch hier gilt das geistige Prinzip, daß in jedem Teil auch das Ganze ist. Schon im Studium ist die eigene Entwicklung und die Geisterhebung veranlagt. Schon das Studium spricht den ganzen Menschen an, auch wenn es zuerst das Denken beansprucht.

Es erfordert einen Arbeitsstil, der einem sagt, welche Gefühlshaltung für welches Thema gefordert wird. Ja, es gibt innerhalb eines Gespräches Augenblicke, wo nur eine bestimmte Stimmung weiterhilft und die Nicht-Beachtung den weiteren Fortgang verunmöglicht. Im nächsten Kapitel werden wir ein Beispiel kennenlernen, wo ein Gedankengang Schritt für Schritt zu einer Meditation führt, deren Aufbau und Durchführung ohne entsprechende Gefühle gar nicht gelingen kann.

---

[7] Ebenda, S. 28.

Die Anthroposophie gestaltet sich selber ursprünglich in verschiedenen Phasen aus. Nach den Werken, die Rudolf Steiner im Anschluß an die Goethe-Studien verfaßte (Grundlinien einer Erkenntnistheorie, Wahrheit und Wissenschaft, Philosophie der Freiheit), entfaltet er in Büchern und Vorträgen die Geisteswissenschaft in Erkenntnisform. Dann tritt Anthroposophie in der Form der künstlerischen Offenbarung auf: Die Mysteriendramen entstehen, die Eurythmie und der Kunstimpuls des Goetheanums. Ab 1917 schließlich erscheint sie in ihrer lebenspraktischen Wirksamkeit: als Sozialimpuls der Dreigliederungsbewegung, als Pädagogik, Medizin, Landwirtschaft und so weiter und als Erneuerung des religiösen Lebens. Aber auch hier gilt, daß im Teil immer das Ganze anwesend ist und daß durch eine folgende Stufe die vorige keineswegs überholt ist. So gibt es Menschen, die glauben, mit der Weihnachtstagung 1923/24 und den folgenden Ausführungen karmischer Zusammenhänge und Briefen an die Mitglieder sei das eigentliche Ziel erreicht und man müsse sich vor allem darauf konzentrieren. Dem steht schon die für sich selbst sprechende Tatsache gegenüber, daß Rudolf Steiner kurze Zeit vor seinem Tod Anfang 1925 eine neue Vorrede zu seiner «Geheimwissenschaft im Umriß» schrieb. Die Anthroposophie ist ein Ganzes, das sich in einer bestimmten Gesetzmäßigkeit ausgestaltet hat. Jeder Teil hat dabei seinen unverzichtbaren Ort, und es ist die Kunst, auf die eigenen Bedürfnisse so zu blicken, daß man selber weiß, was für einen nun «dran» ist.

Und so können wir den ganzen Gedankengang in dem Dreischritt ausklingen lassen, in dem sich die Anthroposophie ausgestaltet hat und den Rudolf Steiner als Leitmotiv für die anthroposophische Arbeit 1923 in mehreren Vorträgen beschreibt:

«So beginnt Anthroposophie überall mit Wissenschaft, belebt ihre Vorstellungen künstlerisch und endet mit religiöser Vertiefung; beginnt mit dem, was der Kopf erfassen kann, geht heran an dasjenige, was im weitesten Umfange das Wort gestalten kann, und endet mit dem, was das Herz mit Wärme durchtränkt und das Herz in die Sicherheit führt, auf daß des Menschen Seele sich finden könne zu allen Zeiten in seiner eigentlichen Heimat, im Geistesreich. So sollen wir auf dem Wege der Anthroposophie ausgehen lernen von der Erkenntnis, uns erheben zur Kunst und endigen in religiöser Innigkeit.»[8]

---

8 Anthroposophische Gemeinschaftsbildung, 30. 1. 1923, GA 257, S. 46).

3. WIE KANN ICH MIR EINEN TEXT RUDOLF STEINERS ERSCHLIESSEN?

Ein praktisches Beispiel:
Erstes Kapitel aus «Die Schwelle der geistigen Welt»

Um nicht im Allgemeinen stehenzubleiben, sollen im Folgenden an einem konkreten Beispiel das Charakteristische von Steiners Darstellungsart und die Möglichkeiten einer dementsprechenden Studienarbeit gezeigt werden. Wir wählen hierzu das erste Kapitel aus dem Buch «Die Schwelle der geistigen Welt», das sich wegen der Kürze und Überschaubarkeit zu diesem Zweck besonders gut eignet. Den Text findet der Leser auf Seite 96ff. abgedruckt.

ERSTE ÜBERSCHAU

Als erstes lesen wir den ganzen Text durch, um so *einen ersten Überblick* zu haben. Der Überschrift entsprechend sind es drei Aspekte des Denkens, von denen wir erfahren:

1. von dem Vertrauen, das man zu dem Denken haben kann;
2. von dem Wesen der denkenden Seele;
3. vom Meditieren.

Die Bedeutung des Denkens können wir erkennen, wenn wir es mit unseren Gefühlen und Empfindungen vergleichen. Das Denken gibt uns Ruhe und Sicherheit, wenn wir uns ihm anvertrauen. Ohne ein Grundvertrauen in die Möglichkeit, durch Denken zu einer Klarheit kommen zu können, verlören wir alle Lebenssicherheit. Das führt uns zu der Empfindung, daß im Denken etwas lebt, was über das persönliche Erleben hinausgeht, aber dadurch auch bedeutet, daß wir durch das Denken von unserem beschränkten Eigenleben der Seele loskommen. In ihm finden wir ein Bindeglied, das sowohl uns als auch der Welt angehört. Das Fühlen bringt uns zu uns selbst, das Denken führt uns in die Welt.

Im Rhythmus zwischen Fühlen und Denken pendelt unser Seelenleben hin und her. Dem Gefühl der Verlassenheit gegenüber dem unendlichen Weltgeschehen begegnet die Denktätigkeit mit der Erfahrung, daß ich denkend die Welt durchdringe und dadurch an ihr teilhabe. Das führt zu dem Schritt, daß ich erkenne, daß meine Seele Schauplatz ist, auf dem sich das Weltenleben als Gedanke ausspricht. Der Gedankengang gipfelt in dem Meditationssatz: «Ich empfinde mich denkend eins mit dem Strom des Weltgeschehens.» Der ganze vorige Teil verdichtet sich zu diesem Satz, an dem nun im weiteren das Wesen der Meditation erläutert wird. Soweit eine erste Überschau.

Nachdem wir uns so mit dem Inhalt oberflächlich bekannt gemacht haben, folgen wir nun den Abschnitten im einzelnen und geben sie in eigenen Worten wieder.

ZUSAMMENFASSUNG IN EIGENEN WORTEN

1. Am Anfang steht ein Bild: Das Denken ist wie eine Insel im Sturme der Gefühle und Leidenschaften, zu der sich das Seelenschiff hinarbeitet, um zur Ruhe zu kommen.
2. Daran schließt sich die Aussage, daß die Menschenseele zum Denken ein natürliches Vertrauen besitze, das Vertrauen, daß es einen grundsätzlich zur Klarheit zu führen vermag, auch wenn dies aus mangelndem Vermögen nicht immer gelingt.
3. Der dritte Abschnitt verallgemeinert diesen Gedanken zum Menschheitsstreben. Selbst der Zweifel am Denken ist Produkt der Denkkraft und setzt daher dieses Grundvertrauen voraus.
4. Im vierten Abschnitt kommt die entscheidende Erweiterung in der Beschreibung, daß die Seele, indem sie denkt, erleben kann, daß in ihr etwas zur Erscheinung kommt, was unabhängig von ihr selbst eine Weltbedeutung hat. Um zu diesem Objektiven zu kommen, muß sie sich aber entsprechend anstrengen.
5. Der nächste Gedankenschritt lenkt uns im fünften Abschnitt zu dem notwendigen Pendelschlag in der Seele: Indem wir denken, kommen wir von uns selber los und leben in der Welt, im Gefühl leben wir in uns und bilden ein Eigenleben aus. Beide Erlebnisse braucht der Mensch, so wie er den umfassenderen Rhythmus von Wachen und Schlafen braucht.
6. Der sechste Abschnitt hebt die Wirkung des Denkens hervor, Trost gegenüber dem Gefühl des Verlassenseins zu spenden. Dadurch, daß ich denke,

verbinde ich mich mit dem Weltprozeß und erhebe mich aus der Beschränktheit meiner Gefühls- und Wunschwelt.

7. Nun mündet diese Überlegung in die Kernaussage des siebenten Abschnitts: Das Denken ist nicht nur von mir bestimmt, sondern in ihm spricht sich ein universeller Prozeß aus, und meine Seele bietet den Boden, auf dem sich dieses Universelle abspielt.

Wir halten hier inne und überblicken nochmals den Verlauf bis hierher, denn mit dieser letzten Aussage haben wir einen ersten Gipfel erreicht.

Um uns der Abfolge dieser sieben Abschnitte deutlicher bewußt zu werden, versuchen wir nun jeden in einen Satz und schließlich in eine Überschrift zusammenzuziehen.

ZUSAMMENFASSUNG IN EINEM SATZ UND IN EINER ÜBERSCHRIFT

1. Die Seele erlebt das Denken wie eine Insel, zu der man sich aus den Fluten der Gefühle und Leidenschaften retten kann, um Ruhe zu finden. – *Die Insel im Meer als Bild für das Denken.*
2. Die gesunde Seele bringt dem Denken, als Möglichkeit, zur Klarheit zu kommen, ein selbstverständliches Vertrauen entgegen. – *Das natürliche Vertrauen der Seele gegenüber dem Denken.*
3. Dieses Vertrauen ist die Grundlage jeder Erkenntnissuche, selbst beim Zweifelnden. – *Das Vertrauen zum Denken als Grundlage jeder Erkenntnissuche.*

4. Im Denken empfindet der Mensch nicht nur die Erscheinung einer eigenen Kraft, sondern gleichzeitig die einer von ihm unabhängigen Weltenmacht. – *Das gleichzeitige Erlebnis von eigener und universeller Kraft beim Denken.*
5. Der Mensch braucht den Rhythmus des Von-sich-selbst-Loskommens im Denken und des Zu-sich-selbst-Kommens im Fühlen wie Schlafen und Wachen. – *Die Notwendigkeit des Rhythmus zwischen Denken und Fühlen, zwischen Weltbewußtsein und Eigenbewußtsein.*
6. Das Denken befreit den Menschen von dem Gefühl der Einsamkeit gegenüber der Welt zu deren stärkendem Miterleben. – *Die Erlösung des Menschen von der Welteneinsamkeit.*
7. Die eigene Seele bietet denkend das Feld, auf dem sich nicht nur das Ich, sondern gleichzeitig die Welt ausspricht. – *Die gleichzeitige Erscheinung von Ich und Welt im Denken.*

WEITERE ERARBEITUNG

Versucht man wie oben den Text so zu verarbeiten, daß man nicht einfach die ursprünglichen Worte und Wendungen wiederholt, dann schärft man diesen gegenüber das Bewußtsein. Man merkt dabei auch, wie schwer es ist, den Inhalt mit andern Ausdrücken adäquat auszudrücken. Schließlich erkennt man, wie der spezifische Stil bei dieser Zusammenfassung verlorengeht. Und doch hat man durch diese Anstrengung ein erstes Verstehen des Gedankenverlaufs erreicht: Ausgehend von dem Bild der Insel, zu der sich das Seelenschiff durch die Fluten durcharbeitet, beschreibt Steiner unser seelisches Verhältnis zum Denken als Vertrauen im einzelnen (2), als Vertrauen im allgemeinen (3), als Erlebnis der Verbindung mit einer von uns unabhängigen Welt (4), als notwendigen Pendelschlag gegenüber dem Fühlen (5), als Seelentrost gegenüber dem Erlebnis der Verlassenheit (6) und schließlich als die Erfahrung, daß die denkende Seele Schauplatz ist einer Weltenkraft, die sich in ihr auslebt (7).

Während das Denken am Anfang wie ein Fels erscheint und die Seele zur Ruhe bringt, erfüllt sich später diese äußere Ruhe mit einer Weltendynamik. Die seelische Bewegung der Gefühle und Leidenschaften korrespondiert mit der Weltenbewegung, die im Denken erscheint. Nicht das Denken ist also das Thema, sondern das Erleben des Denkens. Und dieses Erleben entwickelt sich von Abschnitt zu Abschnitt. Zuerst ist es die dramatische Fahrt des Seelenschiffes zum rettenden Denkfels, dann das Vertrauen, durch das Denken Ruhe und Klarheit zu finden, dann kommen wir zu dem Gefühl, im Denken zu einer Weltwesenheit zu gelangen, und schließlich zur Empfindung, im Denken vom Strom des Weltgeschehens aufgenommen zu werden.

Wir entdecken in diesem Zusammenhang, wie sich die Ausdrücke verändern: «Welt-Wesenheit» (4), «Welt-Erleben» (5), «Weltgeschehen» (6), «Weltenwerden» (7). (In den ersten drei Abschnitten kommt «Welt» nicht vor.) Aber das beschriebene Erlebnis kommt nicht von selber zustande, sondern erfordert die Eigentätigkeit. Man muß sich zu der Insel des

Denkens «hinarbeiten» (1), zu Kraft und Schärfe des Denkens «sich aufraffen» (2), sich zur Welt-Wesenheit «hindurcharbeiten» (4), «das Leben in Gedanken recht erfühlen» (6). Die Ausdrücke der inneren Aktivität setzen sich auch später noch fort. Seelenerlebnisse also, die sich gegenüber dem Denken einstellen können, werden dem Leser so nahegebracht, daß sie sich schließlich zu einer meditativen Stimmung verdichten. Es ist ein durchgeführtes Gespräch zwischen dem Gedanken- und Gefühlsbereich. Das bestimmt auch die Wortwahl. Was zum Denken ausgeführt wird, spiegelt sich als Empfindung, Stimmung, Gefühl. Es gibt keinen Abschnitt, wo nicht beide Bereiche angesprochen werden: als Gegensätze im ersten, fünften und sechsten Abschnitt, als Verbindung im Erleben des Denkens in allen außer dem ersten.

Das kommt besonders schön dadurch zum Ausdruck, daß das Kapitel mit einem Bild beginnt, was ja grundsätzlich das innere Erleben anspricht, gleichzeitig aber ist es ein Bild für das Denken. Die Abschnitte pendeln dann zwischen den beiden Bereichen. Der zweite wendet sich mehr ans Erleben, der dritte ans Denken, der vierte ist eine Zusammenschau von beidem, der fünfte ist stärker gedankenbezogen, der sechste gefühlsbezogen – verstärkt durch die Verwendung des Pronomens «du», im siebenten verschmelzen Denken und Erleben vollständig zum Denk-Erleben in das dreifach gegliederte Satzgebilde nach dem Doppelpunkt. «*Nicht ich denke bloß, sondern es denkt in mir; es spricht das Weltenwerden in mir sich aus; meine Seele bietet bloß den Schauplatz, auf dem sich die Welt als Gedanke auslebt.*» Wenn man diese drei Sätze laut liest, empfindet man eine starke Rhythmisierung, die durch die Umstellung der normalen Wortfolge im zweiten besonders hervortritt: «es spricht das Weltenwerden in mir sich aus» statt: «es spricht sich das Weltenwerden in mir aus» oder «es spricht das Weltenwerden sich in mir aus». Das anschauliche Bild des ersten Abschnittes wird zum musikalischen Klanggebilde im siebenten. Im vierten Abschnitt ist der Wendepunkt, wo auch zum ersten Mal das Erlebnis eines Weltinhaltes im Denken auftaucht.

DER MEDITATIONSSATZ

Den Schlüssel für diese Entwicklung bekommen wir im nächsten Abschnitt an die Hand (8). Dort erfahren wir, daß es sich nicht um eine philosophische Erörterung handelt, sondern um die Erarbeitung eines Gedankens «durch inneres Erleben». Er findet seine Rechtfertigung und Beweiskraft durch eben diese Tätigkeit selbst. In diesem Abschnitt erscheint dreimal das Verb «erarbeiten» und außerdem noch «die innere Arbeit». Wir haben uns also in den ersten sieben Abschnitten einen Gedanken in innerem Erleben erarbeitet. Diesen Vorgang – so erfahren wir nun im neunten Abschnitt – nennt Rudolf Steiner «Meditation». Die ersten sieben Abschnitte sind also nichts anderes als der Aufbau einer Meditation durch innere Aktivität. Im Nachvollzug dieser Aktivität tun wir etwas, wovon wir später die Bezeichnung erfahren. Erst nach dieser Erläuterung formuliert Steiner den eigentlichen Meditationssatz, für den wir nach der vorherigen Aufbauarbeit reif geworden sind: *«Ich empfinde mich denkend eins mit dem Strom des Weltgeschehens.»*

Betrachten wir die Form dieses Satzes, dann finden wir konzentriert bis in die Wortwahl alle vorher dargelegten Elemente vor: empfinden, denken, Strom des Weltgeschehens, die Vereinigung von «Ich» und «Welt» («eins»). Der Satz beginnt mit dem Wörtlein «Ich» und endet mit dem Ausdruck «Weltgeschehen». «Ich» und «Weltgeschehen» bilden die beiden äußeren Pole von Anfang und Ende, das die Pole vermittelnde Wort «eins» steht in der Mitte. Von mir gehe ich aus und spreche meine Empfindung aus, die ich in mir erlebe, indem ich denke, nämlich die Empfindung des Einsseins mit dem Weltprozeß, der im Bilde des «Stromes des Weltgeschehens» das Ziel des Satzes ist. Ich bewege mich denkend in diesem Strom des Weltgeschehens mit, fühle mich im Denken verbunden mit einem Zeitenstrom. Schritt für Schritt baut Rudolf Steiner im Text diesen Meditationssatz auf, indem er seine einzelnen Elemente als Erlebnismöglichkeiten der Seele gegenüber dem Denken beschreibt. Wer also diese Schritte mitgeht im Denken und Empfinden, findet in dem Satz alles Bisherige zur Meditationsform verdichtet.

Meditieren bedeutet, sich durch Gedankentätigkeit die Grundlage für ein Erleben zu erarbeiten. Das einmalige Erkennen müssen wir in das wiederholentliche Erleben umwandeln, damit der Satz als ein Gedankeninhalt zur Meditation wird. Die Folge davon ist das Gefühl, von einer übersinnlichen Welt berührt worden zu sein. Das Ergebnis dieses Gefühlserlebnisses – so beschreibt der letzte Abschnitt – soll stärkend auf das ganze Alltagsleben ausstrahlen, nicht aber die Meditationsstimmung selber, die sich aus dem Gewöhnlichen herausheben soll.

Nach dem siebten Abschnitt ändert sich deutlich der Stil, markiert durch einen neuen Gedankenbogen. Er zeichnet sich dadurch aus, daß er viel mehr einen erläuternden, Verständnis vermittelnden Charakter aufweist, während die ersten sieben Abschnitte insgesamt mehr das Empfinden ansprechen. So werden wir vom Erleben zum Erkennen des Erlebens geführt – alles aber im Hinblick auf das Gedankenleben. Während wir von den gewöhnlichen Gefühlen und Affekten durch das Denken loskommen können (1), müssen wir in der Meditation den Gedanken zum Erlebnis verinnerlichen. Das Von-mir-Loskommen im Denken ist der Ausgangspunkt zu einem erneuten Verbinden mit meinem Innern, die Verschmelzung von Denken und Fühlen.

Entsprechend den drei Überschriften erfahren wir in den Abschnitten eins bis drei von dem Vertrauen, das man zum Denken haben kann; in den Abschnitten vier bis sieben von dem Wesen der denkenden Seele, und die Abschnitte neun bis elf handeln «vom Meditieren», der achte Abschnitt leitet vom zweiten zum dritten Thema über. Der innere Aufbau aber ist so, daß der aktive Leser sich in den ersten sieben Abschnitten eine Meditation aufbaut und in den restlichen Abschnitten über das Wesen der Meditation aufgeklärt wird. Das, wovon die Rede ist, erscheint im formalen Aufbau, oder, was im letzten Kapitel ausgeführt wurde: das Was erscheint als Wie. Die Abschnitte 1, 4, 7 verhalten sich wie Bild zu Begriff zu Begriffserleben. Die restlichen Abschnitte vermitteln das Verständnis für diesen Vorgang in begrifflicher Klärung.

Nun können wir uns das Kapitel in vielfältiger Weise weitererarbeiten. Aus dem Dreifachsatz im siebten Abschnitt läßt sich beispielsweise in freier Form der ganze bisherige Gedankengang entwikkeln. Ebenso können wir dieses Satzgebilde mit dem Meditationssatz im neunten Abschnitt vergleichen.

Nicht ich denke bloß, sondern es denkt in mir; es spricht das Weltenwerden in mir sich aus; meine Seele bietet bloß den Schauplatz, auf dem sich die Welt als Gedanke auslebt.

Ich empfinde mich denkend eins mit dem Strom des Weltgeschehens.

Was sich dort in dreifacher Abwandlung als Einheitliches des Denkerlebnisses darbietet, erscheint hier als eine einheitliche Satzgestalt, in der wir die verschiedenen Elemente aufeinander beziehen müssen, um das Nacheinander des Satzverlaufes innerlich in einen bewegten Gesamtorganismus zu verwandeln. Schließlich läßt sich aus diesem Satz wiederum das ganze Kapitel aufschließen. Reizvoll ist es auch, die sprachlichen Ausdrücke für das Denken und Empfinden durch das ganze Kapitel zu verfolgen. Weil Steiners Darstellungsform nicht systematisch, sondern organisch ist, kann man von jedem Abschnitt aus das Ganze entfalten; denn der einzelne Teil steht nie isoliert da.

4. WORAUF MUSS MAN BEI DER TEXTARBEIT ACHTEN?

Anhand eines überschaubaren Beispiels wurde gezeigt, in welcher Weise ein Zugang zu einem vertieften Leben mit dem Text gefunden werden kann. Dabei blieb unberücksichtigt, ob das in einer Gruppe oder individuell stattfindet. Im folgenden sollen noch einmal die entscheidenden Elemente hervorgehoben und dabei besonders auf die Arbeit in Gruppen eingegangen werden.

1. Der erste Schritt war, sich durch ein erstes Durchlesen ein vorläufiges *Gesamtbild* zu verschaffen. Es empfiehlt sich grundsätzlich, den Einstieg immer aus einem wenn auch oberflächlichen Überblick zu suchen. Ganz besonders bei der Arbeit in Gruppen sollte ein gesunder Rhythmus zwischen kursorischer Lektüre, beziehungsweise Darstellung des Ganzen, und Vertiefung im einzelnen angestrebt werden. Sowohl das zu lange Kleben an einem Abschnitt oder gar an einem Ausdruck als auch das oberflächliche Hinweggleiten über den Text sind unfruchtbar. Das gilt besonders für die Arbeit in anthroposophischen Ausbildungsstätten. Die Zeit reicht oft nicht, ein Werk von der ersten bis zur letzten Seite gründlich durchzuarbeiten. Das ist aber auch gar nicht nötig. Vielmehr genügt es, einzelne

Passagen wirklich zu vertiefen und sich dafür genügend Zeit zu nehmen. Andere kann man großzügig zusammenfassen und ihre Durcharbeitung einem zukünftigen Studium überlassen.

2. *Die Zusammenfassung des Ganzen in eigenen Worten* führt dazu, daß man sich über den ganzen Gedankenverlauf ins Bild setzt, um hernach den Text Abschnitt für Abschnitt durchzuarbeiten. Arbeitet man in der Gruppe, so kann auch so vorgegangen werden, daß alle zusammentragen, was ihnen haften geblieben ist. Es empfiehlt sich, diese Übung vorerst mit geschlossenem Buch zu machen. Wenn man sich den Text hernach wieder vornimmt, fallen einem die vergessenen oder entstellt repetierten Passagen viel mehr ins Auge. Die schriftliche Formulierung befestigt natürlich den Überblick und macht die Zusammenfassung verbindlicher. Ist das Kapitel zu lang (über 10 Seiten), kann man eine sinnvolle Aufgliederung vornehmen. So kann die Vorgabe sein, jemand liest so lange, wie er glaubt, das Gelesene in eigenen Worten wiedergeben zu können. Im obigen Text könnte man nach dem 7. Abschnitt eine Zäsur machen.

3. Dann kommt *die Arbeit an den einzelnen Abschnitten*. Auch hier ist es hilfreich, das laut Gelesene mit eigenen Worten wiederzugeben. In der Gruppe kann das dann durch andere ergänzt werden. Es ist entscheidend, daß diese Arbeit geleistet wird, bevor Fragen gestellt werden, damit man erst einmal aufnimmt, was dasteht. Wer noch nicht an einen disziplinierten Arbeitsstil gewöhnt ist, gibt leicht seinen Gedankenassoziationen freien Lauf und führt da-

durch vom Text ab, bevor dieser überhaupt aufgenommen wurde. Das vorläufige Zurückdrängen von *Fragen*, die der Text auslöst, ist die unabdingbare Voraussetzung, tiefer in das Gelesene einzudringen. Dabei müssen Fragen unterschieden werden, die den Text direkt betreffen (zum Beispiel Fragen zu einem speziellen Ausdruck und so weiter), und Fragen, die durch die Lektüre spontan auftauchen. Die ersten können – wenn es tatsächlich bloße Verständnisfragen sind – bald geklärt werden, die zweiten sollten grundsätzlich außerhalb der Textarbeit besprochen werden. Kennzeichen geisteswissenschaftlicher Texte ist ja gerade, daß sie nicht auf eine schnelle Antwort angelegt sind, sondern daß es darum geht, erst einmal in den Gedankenorganismus hineinzukommen. Sinnvoll kann es auch sein, sich Zeit zu nehmen, an einen Abschnitt bewußt Fragen zu stellen, ohne aber deren Beantwortung schon jetzt in Aussicht zu nehmen. Bei einiger Übung findet man Fragestellungen, die tatsächlich nicht vom Text wegführen, sondern ihn im Gegenteil beleben. Das ist insbesondere dann der Fall, wenn man versucht, Kernbegriffe und markante Ausdrücke zu bewegen und mit anderen in Beziehung zu bringen. Was ist das «Weltgeschehen», das «Weltenwerden», das «Welt-Wesen»? Eine solche Fragestellung belebt das Gelesene durch die eigene Aktivität. Voraussetzung dafür ist jedoch, daß man vorerst auch mit einer unbeantworteten Frage leben kann. Wir müssen lernen zu fragen, ohne zu fordern. Damit ist natürlich nicht ein urteilslos-gläubiges Hinnehmen des Gesagten gemeint. Das Gegenteil fordert ja Rudolf Steiner selbst fortwährend.

Aber kann man etwas wirklich prüfen, beurteilen und in Frage stellen, bevor man es in zureichendem Maße aufgenommen hat? Und darum geht es zunächst. Man erlebt es auch öfters, daß Fragen, die man in bezug auf einen Abschnitt gestellt hat, im nächsten geklärt werden. Daher sollte man sich nicht zu lange dabei aufhalten.

4. Die *Zusammenfassung in einem Satz und mit einer Überschrift versehen* klärt, ob man den Inhalt erfaßt hat. Der Austausch dieser Sätze und Ausdrücke in der Gruppe belebt die Arbeit in besonderer Weise, und wenn man dann den ursprünglichen Text noch einmal liest, ist man in der Wahrnehmung der besonderen Ausdrucksweise schon bedeutend weiter gekommen.

Natürlich eignet sich das beschriebene Vorgehen nur bei Texten wie dem vorliegenden, wo Anthroposophie in Gedankenform erscheint. In der Schilderung vergangener Erdzustände in der «Geheimwissenschaft» schreibt Rudolf Steiner einen ganz bildhaft-anschaulichen Stil, der viel eher verlangt, sich diese Bilder erlebnismäßig vertiefend anzueignen, sich mit ihnen zu verbinden, den Stil empfindend nachzuspüren, als ein zusammenfassendes Gedankengerüst herauszuschälen. Ein solcher Text fordert heraus, daß man sich noch stärker auf die Wendungen der Sprache, die Wortbilder und die rhythmische Gestaltung einläßt. Mit großem Gewinn lernt man hier auch gewisse Passagen auswendig oder bringt sie künstlerisch zu Gehör. Wieder andere Werke, wie zum Beispiel die «Leitsätze», sind schon so verdichtet, daß statt einer Zusammenfassung eine gedankliche und sprachliche Ausbreitung des Textes in verschiedene Richtungen am Platz ist, um am Schluß wiederum zu der verdichteten Formulierung zu kommen. Bei besonders dichten oder schwer verständlichen Stellen kann man auch so vorgehen, daß man einen Satz in alle möglichen Varianten umformuliert – nach Wortfolge, Wortwahl und Satzbau. Eine solche Übung vermittelt außerdem die Fähigkeit, das Gemeinte und dessen sprachliche Repräsentation zu unterscheiden. Die beiden oben besprochenen Sätze im 7. und 9. Abschnitt im 1. Kapitel, «Die Schwelle der geistigen Welt», eignen sich für diese Übung zum Beispiel sehr gut. Man lernt dabei indirekt die Methode des charakterisierenden Sprachstils kennen.

5. Um sich dem vorhin beschriebenen *Gedankenorganismus* zu nähern, der sich in einer gesetzmäßigen Abfolge äußert, müssen wir auf den Übergang von Abschnitt zu Abschnitt und auf die unterschiedliche Gestaltung der einzelnen Abschnitte achten. Die Komposition zu erfassen, den Bezug der einen Aussage zu der anderen, den inneren Atembogen mit seinen Konzentrationspunkten und Entfaltungen, das erfordert einen künstlerischen Sinn, der aber erst zum Einsatz kommen kann, wenn man sich den Text in einem ersten Durchgang gründlich erarbeitet hat. Eine Prüfung, ob man soweit ist, besteht darin, das Ganze von einem Kernsatz aus, ohne den Text vor Augen, selbständig darzustellen. Dann kann man sagen, daß man nicht mehr aus dem Gedächtnis reproduziert, sondern das Ganze aus einer tieferen Schicht neu und eigenständig hervorbringt. Es ver-

steht sich von selbst, daß es hierin viele Zwischenstufen gibt. Eine wirksame Übung in dieser Hinsicht ist es auch, den Text rückwärts, das heißt vom Schluß her aufzufächern, dann von der Mitte aus und schließlich in der ursprünglichen Abfolge.

Jede Arbeit, und ganz besonders eine geistige, ist *gestaltete Zeit.* Das gilt für die Einzel- und Gruppenarbeit. Was ist die ideale Zeitdauer einer Arbeitseinheit? Wie fange ich am besten an? Wie findet man einen gesunden Rhythmus zwischen disziplinierter Konzentration und freiem Gespräch, zwischen Denktätigkeit und künstlerischem Empfinden, zwischen spartanischer Reduktion und erlebnisbezogenem Gespräch? Das ist gewiß eine Herausforderung an eine bewußte Führung des Ablaufs, die je nach der Zusammensetzung gemeinsam verabredet und durchgeführt oder einem dafür bezeichneten Leiter übertragen wird. Die Fruchtbarkeit der Arbeit in der Gruppe hängt im wesentlichen von solchen Verabredungen zu Beginn und von gelegentlichen Rückblicken mit entsprechenden Änderungsbeschlüssen ab. Dabei gilt als allgemeine Regel: Je homogener eine Gruppe ist, um so mehr verteilt sich die Führung auf alle; und um so unterschiedlicher die Bedürfnisse und Fähigkeiten sind, um so mehr verlangt die Arbeit einen Leiter mit didaktischen Anregungen. Entscheidend aber ist auf jeden Fall, daß über diese Frage sowie über das Arbeitsanliegen Transparenz und Konsens herrscht. Sowohl unerwünschte Didaktiker wie Dissens über den Arbeitsstil, aber auch ein planloses Dahinarbeiten verderben die Stimmung und gefährden den Fortschritt. Arbeitet eine Gruppe über längere Zeit zusammen, empfiehlt sich auch das Erproben verschiedener Möglichkeiten und Methoden mit anschließendem Rückblick. Ja, man kann sich sogar eine Gruppe vorstellen, die durch wechselnde Leitungsdelegation eine richtige Fähigkeitsbildung der Gesprächsführung als Nebeneffekt leistet. Die anthroposophische Arbeit in Gruppen bekommt dadurch nicht nur in bezug auf das Thema, sondern auch auf die Gesprächskompetenz einen Lerneffekt.

Da der erste Einstieg in die Arbeit von entscheidender Bedeutung ist, soll mit wenigen Worten auf einige Gesetzmäßigkeiten und Möglichkeiten des *Arbeitsbeginns* hingewiesen werden. Im Hinblick auf den Anspruch, der von der Anthroposophie gestellt wird, geht es zunächst darum, die Grenze zwischen dem Alltag und der Arbeit klar zu ziehen. Ohne diese Grenzziehung wird man meist an der Oberfläche bleiben. Demgegenüber steht die zweite Forderung, daß der Arbeitsprozeß in Gang kommen soll und sich dabei möglichst alle aktiv beteiligen. Das wiederum setzt eine gewisse Wärme und gegenseitige Anerkennung voraus. Nur aus einer warmen und freundlichen Atmosphäre heraus traut sich der weniger Redegewandte zu sprechen. Hier bietet sich die Möglichkeit, daß der Gesprächsleiter vorschlägt, einen Begriff oder einen Satz, der mit dem folgenden Text zusammenhängt, im Gespräch zu bewegen, noch bevor man das Buch aufschlägt. Man hat dann schon in einer spielerischen Art etwas von dem bewegt, was später zum Thema wird. So könnte man das obige

Kapitel mit einem Gespräch vorbereiten, in dem man sein eigenes Verhältnis zum Denken und Fühlen erlebnisbezogen erörtert, und würde anschließend die Ausführungen Steiners hochmotiviert lesen.

Nun kann man natürlich diese Phase durch eine gediegene Einzelvorbereitung zu Hause ersetzen. Das ist gewiß sehr sinnvoll, doch auch hier muß man die Klippen kennen. Durch die Vorbereitung kommt man zu individuellen Fragen und Überzeugungen, und es kann sein, daß man dadurch eine innerlich schon festgelegte Marschroute in den Gesprächskreis bringt. Das kann dann zu unfruchtbaren Selbstdarstellungen oder aber auch Auseinandersetzungen mit anderen festen Marschrouten führen. Davon abgesehen unterläßt man es dann häufig, den Wortlaut in der Gemeinschaft zu Gehör zu bringen. Daher tauscht man mit Vorteil seine Arbeitsfrüchte in einer ersten Phase aus und verabredet dann, wie man jetzt gemeinsam weiter vorgehen will. Ganz allgemein kann man eher eine gute Nachbereitung und als Vorbereitung nur das Lesen des Textes empfehlen. Auf keinen Fall sollte man aber auf das Lesen innerhalb der Gruppe ganz verzichten.

Zum Schluß sei noch einmal betont, daß mit obigem Beispiel keineswegs eine bestimmte, klar definierte Methode vorgestellt wurde. Solange eine Gruppe offenbleibt für verschiedene Arbeitsweisen, ist sie noch beweglich. Gerade weil Anthroposophie unendlich vertieft werden kann, aber auch weil jeder seinen Weg zu ihr individuell suchen muß, darf sie ihrem Wesen nach nie dogmatisch erscheinen, auch nicht im Arbeitsstil.

5. VOM STUDIUM ZUR MEDITATION – WEITERE ERGEBNISSE DER TEXTARBEIT

Im vorigen Kapitel zeichneten wir den Weg nach, den Steiner im ersten Kapitel von «Die Schwelle der geistigen Welt» beschreibt, um dem Leser Begriff und Erlebnis einer Meditation vorzuführen. Dabei leitet der Text, wenn er entsprechend gründlich erarbeitet wird, selber zum Aufbau und zur Vorbereitung einer Meditation an. Diese können wir als Gedankenergebnis fruchtbar machen, wenn wir sie wiederholentlich in der Seele als Empfindungsinhalt zum Leben bringen. Die Vertiefung des einmal gefaßten Gedankens erreichen wir durch Wiederholung und Verschmelzung mit den entsprechenden Empfindungen. Dadurch nimmt der Denkinhalt den Weg vom Kopf zum Herzen. Erfüllt der Meditant seine Seele immer wieder mit dem Erlebnis, das aus dieser Tätigkeit hervorgeht, dann schließt er sich immer mehr der Welt geistiger Erfahrungen auf. Bildhaft ausgedrückt, steht am Beginn dieses Weges das klare Licht des dargestellten Gedankens. Dieses klare Licht bringen wir in Bewegung, indem wir die zeitlich nacheinander erscheinende Gedankenfolge durch unsere Arbeit zum Gedankenorganismus umschmelzen. Dadurch werden wir aber mit unserem ganzen Wesen und Werden eins mit dem Gedankenprozeß.

Das gelingt uns nur, wenn wir zu dem Gedankenlicht die in innerer Aktivität erzeugte Gefühlswärme hinzufügen. Die Verschmelzung von Licht und Wärme ist die charakteristische Erscheinungsform, in der lebendig Geistiges in unserem Bewußtsein auftritt. Wir haben es schon als Wesen des Einfalls kennengelernt (siehe S. 13f.). Nun finden wir es wieder als Wesen der Meditation, aber auch als Ergebnis des Textstudiums.

Damit klärt sich die Bedeutung des Studiums innerhalb des anthroposophischen Schulungsweges. Das Studium ist der erste bewußte Schritt auf diesem Weg, die Vorbereitung, durch die man seine Seele in der Weise in Bewegung bringt, daß sie bereit ist, den Meditationsinhalt aufzunehmen. Der Charakter der geisteswissenschaftlichen Schriften ist so, daß der Leser ganz naturgemäß zu einem meditativen Leben geleitet wird. Es bedarf dann allerdings eines eindeutigen Entschlusses, die Meditation tatsächlich durchzuführen, das heißt einen weiteren Schritt auf dem Erkenntnisweg zu gehen. Man ist aber völlig frei, sich mit dem Textstudium zu begnügen, ohne diesen nächsten Schritt zu gehen.

Aber auch noch in einer anderen Hinsicht ist das Studium der erste Schritt in der Entwicklung zu übersinnlicher Erkenntnis. Wer durch ein meditatives Leben seine Fähigkeiten schult, sich aus dem leibgebundenen Sinnesbewußtsein zu lösen, um ein leibfreies Schauen zu ermöglichen, muß dafür sorgen, daß sein Seelenleben gesund ist und sein Charakter stark. Auf diese Bedingung weist Rudolf Steiner den Geistesschüler immer wieder nachdrücklich hin. «Wenn du *einen* Schritt vorwärts zu machen versuchst in der Erkenntnis geheimer Wahrheiten, so mache zugleich *drei* vorwärts in der Vervollkommnung deines Charakters zum Guten»[9], schreibt er zum Beispiel. Dazu dient unter anderem ein Übungskanon zur Denk-, Willens- und Gefühlskultur, den Rudolf Steiner in der Form der sechs «Nebenübungen» oft beschrieben hat. Diese seelenhygienischen Übungen sind die notwendige Ergänzung des meditativen Weges und bewahren den Meditanten vor den drohenden Gefahren und Einseitigkeiten. Wie wir früher schon gesehen haben, regen Rudolf Steiners Schriften den Leser auch diesbezüglich zur Selbsterziehung an und wenden sich daher nicht nur an sein verstehendes Denken, sondern auch an seine Empfindungen und seine moralische Instanz. Sie enthalten so im Keim das meditative Leben ebenso wie die Selbsterziehung, ohne daß sich der Leser aber zum einen oder anderen schon direkt entschließen müßte. Er lernt dadurch vor seiner eventuellen Entscheidung bereits die Grundbedingungen kennen. Von dieser Seite ist aber auch verständlich, daß der Geistesschüler auch später auf das Studium nicht verzichten kann; denn es verhält sich ja, wie wir gesehen haben, so zur Meditation und Selbsterziehung wie die Vorbereitung zur Durchführung. Ohne jedesmalige Vorbereitung ist keine Durchführung möglich.

[9] Rudolf Steiner: Wie erlangt man Erkenntnisse der höheren Welten?, S. 67.

Das Studium der Anthroposophie führt dann zu neuen Fähigkeiten, wenn es einen Übungscharakter bekommt. Dadurch, daß wir wiederholentlich uns mit den neuen Gedankenformen verbinden, wandeln wir unser bisheriges Denken um. Üben heißt ja nichts anderes als bewußtes Wiederholen. Vollziehen wir dies genügend häufig und intensiv, so bilden wir neue Fähigkeiten. Und sie sind die Grundlagen zur gesunden meditativen Praxis.

Der Übersicht halber seien die Möglichkeiten und Phasen der Textarbeit noch einmal zusammenfassend dargestellt.

1. Aufnehmen des Textes in der gegebenen sprachlichen Form;
2. Wiedergabe in eigenen Worten;
3. bewußte Wahrnehmung der Sprache und des Stils – Bewegen der einzelnen Ausdrücke und so weiter;
4. eigenständiges Hervorbringen des Gelesenen und Verarbeiteten;
5. Vertiefung des Gedankenganges zum aktiv erzeugten und erlebten Gedankenorganismus: Verschmelzung von Denken und Fühlen;
6. gesteigertes Betrachten und Erleben der Sprach- und Kompositionsform;
7. Meditation: Auflösung der Gedanken- und Sprachform aus dem Nacheinander zur Gleichzeitigkeit.

Diese Zusammenfassung soll kein pedantischer Kanon sein, an den man sich strikt zu halten hat. Aber man kann leicht sehen, daß die ersten drei Aktivitäten naturgemäße Voraussetzungen zur vierten sind.

Jedoch kann bei jedem Schritt ein voriges Element miteinbezogen werden. Die Stufen 4 bis 7 sind als Prozesse gemeint, an denen man sich immer wieder neu versucht, und vielleicht erst nach langem Probieren zum Erfolg kommt. Kehrt man im Lauf der Jahre immer wieder zum gleichen Text zurück, so merkt man, wie sich die einzelnen Arbeitsschritte gegenüber dem letzten Mal verändert haben.

Man kann, um nicht in einen Schematismus zu verfallen, die Phasen auch in der Weise darstellen, daß man sie in fünf Arbeitsschritte gliedert:

1. Aufnehmen des Gedankens durch die gegebene Sprachform;
2. Erfassen des reinen Gedankenganges;
3. eigenständiges Hervorbringen des Gedankenganges;
4. gesteigerte Verbindung mit der Sprachform und Komposition;
5. Meditation als Verschmelzung von Denken und Fühlen.

Die moderne Geisteswissenschaft Rudolf Steiners wendet sich an den individuellen Zeitgenossen und dessen waches Denken, der seinen eigenen Weg zur Schwelle finden muß. Jeder hat seine eigene Schwelle. Deshalb verbietet sich von Anfang an jeder Schematismus. Dafür spricht auch die Tatsache, daß Rudolf Steiner im Laufe seines Lebens die verschiedensten Möglichkeiten eines solchen Weges beschrieben und das gleiche von allen möglichen Gesichtspunkten immer wieder dargestellt hat. Man darf dabei nur nicht den individuellen Weg mit subjektiver Beliebigkeit verwechseln. Kein Weg kann zum Ziel führen, der sich nicht an den Gesetzmäßigkeiten der Natur des Geistes orientiert. Deshalb muß man mit den individuellen Formen notwendig die Ernsthaftigkeit des Studiums verbinden, welche die Arbeit vom Alltagsleben bewußt abgrenzt.

6. DAS STUDIUM ALS GESPRÄCH – SEINE WIRKUNGEN AUF DEN EINZELNEN UND DIE GEMEINSCHAFT

Was sind die Voraussetzungen zu einem fruchtbaren Gespräch? Wenn es über das spontane Alltagsgespräch hinausgehen soll, dann können wir vier Ebenen unterscheiden, die den erfolgreichen Gesprächsprozeß ausmachen.

Der Stoff muß dem Anlaß und den Teilnehmern adäquat sein. In einer Textarbeit kommt der Auswahl des Textes in bezug auf Anspruch, Arbeitsvorhaben, Dauer der Arbeit und Voraussetzungen der Teilnehmer eine wichtige Bedeutung zu. Es kommt aber nicht nur auf das Niveau an, sondern auch auf einen gesunden Rhythmus zwischen Vertiefen und Überblick. Das deutet bereits auf die zweite Ebene, *das Tempo*. Wie schnell geht man vorwärts? Wartet man, bis alle alles verstanden haben, oder versucht man im späteren Rückgriff aus dem Überblick heraus das einzelne besser zu verstehen? Verstehen ist ja, wie wir gesehen haben, kein einmaliger Vorgang, sondern ein Prozeß der immer innigeren Begegnung mit dem Dargestellten, die in der Meditation schließlich zu einer punktuellen geistigen Vereinigung führt. Daher kann man durchaus in einem ersten Durchgang recht schnell vorwärtsschreiten, um dann an exemplarischen Passagen die Vertiefung zu suchen.

Es gibt nichts Ermüdenderes als ein gleichförmiges Arbeitstempo, wo Abschnitt für Abschnitt abgearbeitet wird. Es ist auch sinnvoll, sich eine bestimmte Zeit vorzunehmen, innerhalb deren man die Arbeit abschließt. Was hier für den ganzen Arbeitsprozeß gesagt wird, gilt auch für die einzelne Einheit – auch hier empfiehlt sich ein Rhythmus im Tempo. Geht man auf alle Fragen ein, verliert man den Faden, geht man zu schnell über sie hinweg, das Interesse der Teilnehmenden.

Eine dritte Ebene betrifft *die Spannung*. Der Ausgangspunkt einer geisteswissenschaftlichen Studienarbeit ist ja gewiß das Interesse, eine Fragehaltung, das Bedürfnis nach Erkenntnis. Schon diese elementare Voraussetzung begründet eine Spannung in jedem einzelnen. Ein Gespräch ohne Spannung strapaziert. Daher sind Fragen, Provokationen und Widersprüche immer gesprächsfördernd und beleben auch eine Textarbeit. Allerdings sind sie nur so lange fruchtbar, als sie sich auf den Text selber beziehen und ehrlich sind. Auch bei der individuellen Arbeit können Einwände und Fragen die Erkenntnis profilieren und dadurch die emotionale Verbindung mit dem Text steigern. Ohne diese Ebene bleibt das Gespräch fade, die Erkenntnisbemühung verkommt zur akademischen Übung.

Die vierte Ebene endlich bezieht sich auf *die Richtung*, das Ziel der Unternehmung. Zwischen pedantischer Kanalisierung und wuchernder Abschweifung gilt es die Mitte zu finden. Eine Hilfe dazu kann sein, daß man Fragen und umwegfördernde Ausführungen, die zwar vom Text angeregt wurden, aber sich nicht unmittelbar auf den Gedankengang beziehen, zuläßt, aber bewußt von der eigentlichen Textarbeit abgliedert. Eine streng geführte zwanzigminütige Arbeit am Text bildet die günstige Disziplinierung für das freie Gespräch.

In diesem Sinn können wir aber auch das individuelle Studium als Gespräch verstehen. Zunächst als eine Auseinandersetzung mit dem Text, Einwände werden vorgebracht, Zustimmung, Begeisterung, Fragen werden erzeugt, bis sich schließlich eine ganz persönliche Beziehung zum Gelesenen bildet. So kann Rudolf Steiner am Schluß des Schulungsbuches «Wie erlangt man Erkenntnisse ...?» von einem möglichen Gespräch des Lesers mit dem Verfasser sprechen (siehe Anhang 2, k). Indem wir uns durch innere Disziplin von den Gedankenfolgen befruchten lassen, bringen wir etwas zur Erscheinung, das sonst verborgen bliebe, etwas, von dem wir empfinden, daß es unser besserer Mensch ist, der als Anlage vorhanden ist, den es aber erst zu entwickeln gilt. So kann das Studium auch das Gespräch mit meinem besseren Ich ermöglichen. Damit kommen wir in einen ganz neuen Gesprächsraum, in einen Gesprächsraum, wo die Gesetze der übersinnlichen Welt gelten, die befruchtend in unser Leben hineinwirken. Wie kann diese Wirkung erfahren werden? Worauf beruht sie?

Jeder, der sich mit Steiners Werken beschäftigt, merkt sehr bald, daß sie nicht so zum gedächtnismäßigen Besitz werden wie andere Bücher. Auch bei intensiverem Studium kann man feststellen, wie schlecht man das vor einer Woche Gelesene reproduzieren kann. Das hängt ganz gewiß mit den oben beschriebenen Gesetzen zusammen, die einer Welt entstammen, wo nicht das Nacheinander und Nebeneinander, sondern Gleichzeitigkeit und Durchdringung herrschen. Wir werden angeleitet, einen Begriff dadurch lebendig zu erfassen, daß wir ihn von verschiedenen Seiten beleuchten. Dadurch aber kommen wir in eine Seelenverfassung, die sich der lebendigen Geistwelt öffnet. Die Folge davon ist Einfallsreichtum. Es kommt uns im rechten Moment das Rechte in den Sinn – aber eben nicht aus dem Gedächtnis, sondern aus unmittelbarer Berührung mit dem Geist-Leben. Damit wird das anthroposophische Studium zum Gespräch mit der Welt, aus der wir geboren sind, in die wir hineinsterben und in die wir jede Nacht eintreten und die uns regeneriert.

Es ist eine gesundende Wirkung, die neben dem Einfallsreichtum erfahrbar wird. Ganz entsprechend gesteigert wird diese Fähigkeit durch die meditative Verwandlung des Aufgenommenen. Im 3. Vortrag der «Meditativ erarbeiteten Menschenkunde» beschreibt Rudolf Steiner den ersten Waldorflehrern den ganzen Vorgang[10]: Zunächst nehmen wir die geisteswissenschaftliche Menschenkunde auf. Dann wandeln wir das Aufgenommene zu einer Meditation um und bewirken durch das Meditieren einen geistigen Verdauungsprozeß. Die Folge ist die Fähigkeit, in der konkreten Situation die entsprechende pädagogische Phantasie zur Verfügung zu haben, in-

[10] In: Erziehung und Unterricht aus Menschenerkenntnis, GA 302a, S. 50ff.

tuitiv zu erfassen, was jetzt das pädagogisch Fruchtbare ist. Das bewußt Erfahrene wird so bearbeitet, daß es in dem Willen einschläft und dadurch für das eben erwähnte Nachtgespräch geeignet wird. Verwandelt taucht es dann aus diesem «Sternenbrunnen» wieder auf – als Einfallsreichtum und Phantasiekraft.

Ein Gespräch vermag neue Beziehungen zu stiften. Ebenso fördert der Umgang mit der Geisteswissenschaft neue Begegnungsmöglichkeiten. Die Seele wird sensibel für Schicksalskonstellationen, ja erfährt Begegnungen, die sonst nicht zustande gekommen wären. Allerdings ist dieser beziehungstiftende Bereich zunächst zart und wird leicht verschlafen, kann aber gerade im pädagogischen Vorgang häufig beobachtet werden. Geisteswissenschaft fördert aktive Gestaltungsmöglichkeiten von menschlichen Beziehungen. Diese gemeinschaftsfördernde Wirkung kann dadurch gesteigert werden, daß sie nicht nur als Folge der Einzelbemühung eintritt, sondern sich in der gemeinsamen Arbeit entfaltet.

Schon in der individuellen Arbeit geht es um das Gespräch zwischen Kopf und Herz, geht es darum, das Gedankenlicht mit der Herzenswärme zu verbinden. Um so mehr gilt dies für die gemeinsame Arbeit in einer Gruppe. Wenn es gelingt, innerhalb einer Menschengemeinschaft zusammen einen anthroposophischen Studienweg zu gehen, dann kann diese Arbeit den einzelnen aus seinem Alltagsbewußtsein erheben und sein besseres Wesen zur Erscheinung bringen. Es kommt dann nicht nur zum Gespräch mit dem Verfasser des Textes oder mit dem höheren Ich, sondern auch mit demjenigen der anderen. Das ist aber keine Summierung, sondern eine völlig neue Qualität. Im selten zu erreichenden Idealfall vereinige ich mich mit dem gemeinsam bewegten Inhalt und nehme gleichzeitig die mit dem gleichen verbundenen anderen wahr. Menschenbegegnung und Begegnung mit der Anthroposophie fallen zusammen. Das zeigt sich daran, daß die Beteiligten fühlen, wie sie mit einem unsichtbaren Wesen verbunden sind. Ein solcher Augenblick der Vereinigung ist die höchste Stufe eines Vorgangs, den Rudolf Steiner «umgekehrten Kultus» nennt (siehe Anhang 2, r). Es nimmt den Ausgangspunkt in dem gemeinsamen Arbeitswillen, sich dem anthroposophischen Studium hinzugeben, und ist an zwei Bedingungen geknüpft. Zum einen muß sich durch die aktive Bemühung der Teilnehmenden der Prozeß bewußt vom Alltagsgeschehen abgrenzen, zum anderen muß der einzelne den Willen mitbringen, sich durch die Arbeit verwandeln zu lassen und sich aus der Geisteswissenschaft neue Ideale zu entzünden. «Schwellenbewußtsein» und «spiritueller Idealismus» nennt Rudolf Steiner diese beiden Bedingungen. Wie bei dem viergliedrigen Messegeschehen können wir vier Phasen eines solchen Prozesses unterscheiden. Am Anfang muß zunächst der Gedankeninhalt aufgenommen werden. Dabei kann man sich der Methoden bedienen, die oben beschrieben wurden. Naturgemäß nehmen wir dabei nicht nur den Inhalt auf, sondern auch die anderen in ihren verschiedenen Äußerungen. Eine Arbeit bleibt so lange bloßer Austausch oder bloße Belehrung, als wir an unseren mitgebrachten Vorstellungen, Gedanken und Urteilen festhalten. Erst wenn wir uns von diesen befreien, bildlich gesprochen unser Gedächtnis opfern, uns für Neues und anderes öffnen, insbesondere für das, was und wie die anderen sprechen, wie der Inhalt sich individuell ausgestaltet, erreichen wir eine neue Stufe. Es sind der nötige Ruck und die individuelle Verwandlungsbereitschaft, die erst die folgende Entwicklung ermöglichen. Es ist das Erlebnis des Beschenktwerdens durch die Begegnung und schließlich der genannten Kommunion, die danach folgen. Während in den ersten beiden Phasen viel an Trägheitsüberwindung und aktiver Gestaltung erforderlich sind, braucht es in den folgenden Empfangsbereitschaft und Hingabefähigkeit. Man kann in Analogie zum kultischen Messegeschehen in diesen vier Phasen Evangelium (Licht), Opfer (Wärme), Wandlung und Kommunion (Verschmelzung von Licht und Wärme) wiedererkennen.

Was in einer so ausgeprägten Form, wie es beschrieben wurde, äußerst selten vorkommt und als Gnade empfunden wird, kann man andeutungsweise in jeder fruchtbaren Gemeinschaftsarbeit erleben.

Wer über längere Zeit mit den gleichen Menschen Anthroposophie arbeitet, kann die gemeinschaftsbildende Wirkung auch so erleben, daß dadurch Schicksalsknoten gelöst und spontane Antipathien überwunden werden können. Wir ahnen bei solchen Erlebnissen aber auch, was es heißt, einem geistigen Wesen zu begegnen. Das hat gewiß eine große Bedeutung für unser Leben und unsere Beziehung zu denen, mit denen wir dieses Erlebnis teilen. Es hat aber auch noch eine andere Bedeutung. Wenn Menschen gemeinsam nach einem geistigen Inhalt streben, dann geben sie einem höheren Wesen die Möglichkeit, sich mit dieser Gemeinschaft zu verbinden. Das vermöchte ein einzelner niemals. Die Menschengruppe, die gemeinsam anthroposophisch arbeitet, ermöglicht damit die irdischen Lebensbedingungen für dieses Wesen. Es kann so ein Verständnis dafür entstehen, daß Anthroposophie nicht nur eine Weltanschauung oder ein Ideal ist, sondern tatsächlich ein solches Wesen, das durch die Menschengruppen gepflegt und mit ihr verbunden wird.

Man kann dann ermessen, welche soziale Bedeutung das gemeinsame geisteswissenschaftliche Studium hat. Doch erweist sich dessen Fruchtbarkeit erst dann, wenn die entsprechende individuelle Aktivität vorausgegangen ist. Daher ist auch ein gesunder Rhythmus anzustreben zwischen dem unverzichtbaren Einzelstudium und der Gemeinschaftsarbeit, die sich gegenseitig befruchten können.

Das folgende, abschließende Kapitel soll für die konkrete Praxis Anregungen und Übungen bereitstellen.

7. PRAKTISCHE GESICHTSPUNKTE FÜR DIE ARBEIT IN GRUPPEN – BEDINGUNGEN FRUCHTBAREN ARBEITENS

In die vergangene Darstellung sind immer wieder Hinweise und Gesichtspunkte für das Textstudium in der Gruppe eingeflossen. Diese sollen hier noch einmal zusammengestellt und ergänzt werden, so daß bei Bedarf darauf zurückgegriffen werden kann.

Es ist offensichtlich, daß bei der Gruppenarbeit noch andere Gesetzmäßigkeiten gelten, die für das Einzelstudium nicht in Betracht gezogen werden müssen. Wie bei einem Orchester kann der einzelne mehr oder weniger gefordert sein: Er kann sich von den anderen tragen lassen und dirigiert werden, oder aufgefordert sein, Solo zu spielen oder wie beim Kammerorchester auch noch für das Ganze ein Bewußtsein zu haben. Die Bekanntschaft mit einigen dieser einfachen Gesetzmäßigkeiten kann das Gelingen einer Gruppenarbeit wesentlich erleichtern. Diese können unter folgenden Gesichtspunkten beschrieben werden:

- Anliegen des einzelnen,
- Thema,
- Gruppe als Ganzes.

Es gilt dabei die Bedürfnisse des einzelnen, die Anforderungen des Themas und die Gruppe mit ihren

Gesetzen und Bedingungen in ein Gleichgewicht zu bringen, nicht nivellierend, sondern so, daß alle berechtigten Elemente zur Geltung kommen können. Die Qualität einer Gruppenarbeit ist weitgehend vom Gleichgewicht dieser drei Faktoren bestimmt. Im weiteren sind ein paar Gesichtspunkte zu diesen Bereichen zusammengetragen worden.

Die Anliegen des einzelnen

KLÄRUNG DER ARBEITSWEISE

Es ist offensichtlich, daß für eine anthroposophische Studienarbeit das individuelle Anliegen der Ausgangspunkt der Arbeit und auch der Grund dafür sein wird, daß die Gruppe zusammenkommt. (Seltener ist der Fall, daß die Gruppe, zum Beispiel ein Gremium, besteht und dann ein Thema gesucht wird.) Deshalb ist es für die Arbeit wichtig, zu Beginn zu klären, was die Anliegen und Bedürfnisse der einzelnen sind – oder daß der Initiant einer Arbeit zumindest darstellt, was er erreichen will. Es kommt manchmal zu Schwierigkeiten, Enttäuschungen und Diskussionen – oft erst nach vielen Treffen –, weil das Anliegen und die Arbeitsweise nicht zu Beginn verabredet wurden. Man sollte unbedingt besprechen, in welcher Form gearbeitet wird. Es ist zum Beispiel ein großer Unterschied, ob ein Werk oder ein Thema im Zentrum steht. Bei der Bearbeitung eines Themas kann es sinnvoll sein, verschiedene Texte, auch Sekundärliteratur, hinzuzuziehen; will man sich «Theosophie» erarbeiten, übersteigt ein Heranziehen von allerlei anderem meist das Arbeitsvolumen und verhindert eher das Aufkommen der entscheidenden Aktivität des einzelnen. Die Bearbeitung eines Themas, zum Beispiel «Wiederverkörperung», ist viel anspruchsvoller, da die Mitarbeit in einer solchen Arbeitsgruppe die grundlegende Begriffsbildung bei allen Mitwirkenden schon voraussetzt; sonst wird man unweigerlich in lange, unfruchtbare Diskussionen verstrickt, die darauf hinauslaufen, daß zunächst geklärt werden muß, was jeder unter «Seele» und «Geist» versteht.

Neben diesen Faktoren ist der Charakter einer Gruppenarbeit weiterhin sehr davon geprägt, ob sie seminaristisch, das heißt durch einen Dozenten geleitet ist, ob es einen Gesprächsleiter gibt, der für eine gewisse Ordnung und Gliederung des Ablaufs sorgt, oder ob alle Gruppenmitglieder für das Gespräch verantwortlich sind. Es ist für alle Teilnehmer wichtig, auch das klar vor Augen zu haben. Nichts ist mühsamer, als wenn in einer gemeinsam geführten Gruppe einzelne immer die Rolle des Seminarleiters übernehmen wollen, oder umgekehrt, wenn im Seminar alle Teilnehmer beginnen, Referate über ihre Überzeugungen zu halten.

FRAGE UND ANTWORT

Obwohl die individuellen Fragen den Ausgangspunkt bilden, ist es für die Gruppenarbeit sinnvoll, die unmittelbare Beantwortung der Frage zurückzustauen. Oft reicht die Frage tiefer als sie ausgesprochen wird oder werden kann, und eine vorschnelle Antwort verschließt dann vielleicht den Zugang zu dem Eigentlichen. Auch verhindern eilige Antworten das Zustandekommen eines Arbeitsgesprächs. (Wirkliche Fragen können meist einige Tage warten, bis sie besprochen werden, und lassen sich bei genügender Aktivität auch auf das Gelesene beziehen.) Es bedeutet einen Ruck in die Eigenaktivität, sich sagen zu müssen, daß nicht relevant ist, was ich spontan über eine Sache denke, sondern zu fragen, wie und was über die Sache im Text geschrieben wird. Es gilt, wie Goethe sagt, zu «untersuchen, was ist, und nicht was behagt».[11] Wie kann diese Aktivität aufgebracht werden?

Grundlegend hierfür ist es, den richtigen Rhythmus zwischen fragen, antworten und offenlassen zu finden. Ein sehr effektives Mittel, die Frageaktivität zu steigern, ist, den Lesefluß oder Gesprächsfluß zu bremsen und über zwei polare Begriffe (beim obigen Beispiel in Kapitel 4 etwa Denken – Fühlen) zu sprechen. Wie schon oben beschrieben, kann man die Unterschiede und das Verhältnis der beiden Bereiche genau zu fassen versuchen. Man kann sich im Gespräch gegebenenfalls auch auf einen Kernsatz konzentrieren und versuchen, das Wesentliche in eigene Worte zu fassen. Dann kann man überlegen, wie es zu dieser Aussage kam, wie sie vorbereitet wurde und was mit ihr im weiteren Verlauf des Textes geschieht, wie der Gedanke weitergeführt wird. Dann sind die nötige Eigenaktivität und eine Fülle von Fragen da, um nun die Passage nochmals genauer zu lesen, in

---

[11] J. W. Goethe: Der Versuch als Vermittler zwischen Subjekt und Objekt.

die tieferen Schichten einzudringen, indem man zum Beispiel die Wortwahl und die Gedankenentwicklung zu beschreiben versucht. Nicht die Menge des Gelesenen bestimmt die Intensität der Fragen, sondern die Menge der Aktivität, die auf das Gelesene gerichtet wird.

Gerade bei der Arbeit mit Vorträgen kann aber auch das Gegenteil passieren: daß die Fragen zu intensiv werden, beziehungsweise der einzelne Satz oder Absatz nicht das hergibt, was man eigentlich bräuchte, um die Fragen aus dem Text selbst beantworten zu können. Es entsteht dann leicht das Gefühl, überfordert zu sein, und der Text wird als zu schwer disqualifiziert. Das Fragen kann hier sogar lähmend wirken. Man kann dann versuchen, den gesamten Ablauf des Vortrags bis zu der Stelle und von dieser Stelle bis zum Ende des Vortrags in der Gruppe Schritt für Schritt zu rekonstruieren. (Bevor man bei Vorträgen in ein Gespräch über einzelne Sätze oder Absätze geht, sollte der ganze Vortrag zumindest gelesen sein.) Oft ergibt sich dann die Bedeutung einer Stelle aus dem Kontext, oder es zeigt sich, daß das vermeintliche Problem eine Nebensache ist, die gar nicht so wichtig ist, daß alle Aufmerksamkeit darauf gelenkt werden müßte. Offensichtlich ist hier die Falle, daß Fortgeschrittene Antworten vermitteln und die Arbeit am Vortrag zum Vortragsabend wird. Aber auch das Gegenteil ist nicht selten: Es wird Vortrag um Vortrag verzehrt ohne entsprechende Verdauungstätigkeit.

SCHRIFTLICHES WERK

Bei der Auswahl des Themas beziehungsweise des Textes sind wiederum verschiedene Gesichtspunkte zu berücksichtigen. Je nach Anliegen oder Fragestellung kommen unterschiedliche Texte in Frage. Für eine Einführung in die Anthroposophie sind vor allem «Die Philosophie der Freiheit» und «Theosophie», aber auch «Die Geheimwissenschaft» (1. Teil) geeignet, da dort voraussetzungslos vorgegangen wird und sowohl die Sprache als auch die begriffliche Dichte ein Vertiefen der Fragen aus dem Text heraus möglich machen. Es ist bei diesen Werken auch nicht so, daß ein Fortgeschrittener sich langweilen muß: Durch die Wiederholung erschließen sich tiefere Schichten des Textes, wenn es gelingt, immer wieder neue Entdeckerfreude zu entwickeln.

«Wie erlangt man Erkenntnisse der höheren Welten?» ist wegen des persönlichen Charakters des Textes und des mitteilenden Duktus weniger für eine Gruppenarbeit geeignet. Für eine Vertiefungsarbeit, die auf die Kenntnis der Grundwerke aufbaut, sind sehr gut geeignet: «Anthroposophische Leitsätze», die sogenannten «Michaelbriefe»[12], «Psychologische Aphorismen»[13], das erste Kapitel aus «Von Seelenrätseln», der Aufsatz «Philosophie und Anthroposophie», die Autoreferate «Die geistige Führung des

---

[12] In: «Anthroposophische Leitsätze».

[13] In: GA 36, Teil I, «Zur Weltlage», oder Einzelausgabe «Aphorismen», Dornach 1971.

Menschen und der Menschheit» und das Büchlein «Die Schwelle der geistigen Welt».

Die gesamte Spruchdichtung und die vier Mysteriendramen bilden eine eigene Gattung, deren Bearbeitung in der Gruppe sehr anspruchsvoll ist. Ein künstlerisches Vorgehen und eine besondere Feinheit im Erleben und in der Ausdrucksweise im Gespräch sind dazu nötig. Wenn das nötige Klima in der Gruppe da ist, kann eine Arbeit am «Seelenkalender» schon in kurzer Zeit sehr viel hergeben. Zum Beispiel kann es hilfreich sein, eine wöchentliche, lange technische Sitzung mit einer Arbeit am aktuellen Wochenspruch zu beginnen. Schon durch eine halbe Stunde konzentrierter Arbeit kann ein Klima entstehen, durch das die anschließenden Besprechungen problemloser und effektiver ablaufen können, so daß sich die investierte halbe Stunde später mehrfach lohnt. Das kann natürlich nicht verordnet werden: Der starke Wille, sich in die Formen der Sprache zu vertiefen, ein feines Empfinden und Erleben der beschriebenen Stimmung und ein tastendes, feinsinniges Umgehen mit den eigenen Formulierungen und schließlich ein taktvolles Sich-Hinwenden an die Äußerungen der anderen sind in gesteigertem Maße nötig.

Die Arbeit an den Mysteriendramen benötigt in der Gruppe wohl am meisten Phantasie. Es gibt Passagen, die wie Spruchdichtung zu erarbeiten sind, andere entfalten ihre Dramatik durch das Einleben in den Verlauf der Entwicklung eines Charakters, andere wiederum nur durch das Hören des gesprochenen Wortes, wieder andere beleuchten sich durch

Hinzunahme von anderen Texten, wie zum Beispiel «Wie erlangt man Erkenntnisse der höheren Welten?» oder Goethes «Märchen».

Schließlich können in der Gruppe auch Meditationstexte wie zum Beispiel der «Grundsteinspruch»[14] bis zu einem gewissen Grade bearbeitet werden. Wie die schriftlichen Werke sind auch diese meist aus sich selbst verständlich, wenn man genügend eindringt. Jedoch wie nirgends sonst bemerkt man bei einer solchen Arbeit, wie schnell man an die Grenze der sprachlichen Ausdrucksmöglichkeit gelangt. Äußerlich besteht ein Gesprächsbeitrag dann oft nur aus der Zusammenstellung einzelner Worte aus dem Spruch, und dahinter verbirgt sich eine ganze Erlebniswelt. Es wird eine gesteigerte Aktivität im Zuhören nötig, um überhaupt nachvollziehen zu können, auf welches Erlebnis ein Beitrag deuten will. Das ist gerade das Charakteristische einer solchen Arbeit, daß sie ausgehend von Worten in den Bereich des wortlosen Erlebens führt; ob dieses Erleben wiederum in Worte zu prägen ist, die für andere nachvollziehbar sind, hängt nicht nur von der sprachlichen Kompetenz des Sprechenden ab, sondern auch von der Fähigkeit des Zuhörens aller am Gespräch Beteiligten. Es ist hier geradezu so, daß die Zuhörer bestimmen, was sagbar ist und was nicht. Am stärksten kommt hier zum Vorschein, was für jede anthroposophische Arbeit gilt: die Ausbildung eines Taktgefühls gegenüber dem Text und den Beiträgen der anderen.

[14] Siehe GA 40, «Die geistige Grundsteinlegung des zweiten Goetheanum».

Daneben bildet natürlich das ganze Vortragswerk Rudolf Steiners ein Reich für sich. Ganz allgemein kann gesagt werden, daß eine Arbeit an Vorträgen eher schwieriger als Textarbeit ist, auch dann, wenn der Vortrag auf den ersten Blick wesentlich leichter lesbar erscheint. Rudolf Steiners Vorträge stehen immer in einem Kontext, der entscheidend für die Art und die Inhalte der Darstellung ist. Der Anlaß eines Vortrags, der Ort, die Zuhörer, genauso aber auch der historische Zusammenhang und schließlich auch damalige Wortkonventionen, Moden und wissenschaftliche Überzeugungen sind miteinzubeziehen und von dem Dauerhaften des Vortrags zu unterscheiden. Wichtig ist auch, niemals zu vergessen, daß es sich um Drucke von mitstenographierten «mündliche[n], nicht zum Druck bestimmte[n] Mitteilungen» handelt[15], die von Rudolf Steiner meist nicht durchgesehen wurden, oder zum Teil sogar aus verschiedenen Hörermitschriften und Notizen zusammengestellt wurden.

Ganz explizit will aber Rudolf Steiner, daß Vorträge nicht mit geschriebenen Büchern verwechselt werden: Vorträge werden normalerweise im Zuhören aufgenommen und folgen den Gesetzmäßigkeiten des Hörens. Viel mehr als innerhalb der schriftlichen Werke ist daher die Bearbeitungsmethode dem entsprechenden Vortrag zu entnehmen. Ganz allgemein kann noch gesagt werden, daß für das Vortragsstudium mehr Überblickskraft und Ausdauer

[15] Siehe Rudolf Steiner: Mein Lebensgang, Kapitel 35 und 36.

gefordert sind, oft ergibt sich Wesentliches erst durch den Zusammenhang mehrerer Vorträge. Die Gefahr ist immer vorhanden, an Details festzuhaken, den roten Faden zu verlieren und Begriffe an Stellen bilden zu wollen, wo der Begriff beim Zuhörer schon vorausgesetzt wurde. Auch ist bei manchen Vorträgen begriffliche Arbeit gar nicht am Platz, man merkt dann, daß ein erlebendes Eintauchen in Bilder oder sogar religiöse Stimmungen nötig ist, um zum Kern vorzudringen. Auf jeden Fall benötigt eine Vortragsarbeit eine bessere Vorbereitung. Der Gesprächsleiter sollte den Vortrag beziehungsweise den Vortragszyklus gut kennen und abspüren, ob und wie eine gemeinsame Arbeit möglich ist. Neben diesen Vorgehensweisen ist natürlich immer möglich, einen Vortrag durch schlichtes Vorlesen aufzunehmen, auf sich wirken zu lassen und eventuell anschließend in einem freien Gespräch zu verarbeiten.

VORAUSSETZUNGEN UND VORAUSSETZUNGSLOSIGKEIT

Unabhängig vom gewählten Text und vom Niveau der Gruppe ist eine Grundbedingung produktiven Schaffens, daß man die Arbeit voraussetzungslos angeht. Hinweise wie: «Wie Rudolf Steiner ja in GA XY ausführt, ist es so, daß ...» wirken eher lähmend als befeuernd. Selbst bei den unterschiedlichsten Voraussetzungen der Teilnehmer ist eine Arbeit möglich, wenn wirklich der Text im Zentrum steht. Voraussetzung ist lediglich die Vorurteilslosigkeit in bezug auf die Begriffe, die im Text entwickelt werden. Das heißt, daß alle vorher gebildeten Urteile und Bestimmungen von Begriffen aktiv aufgelöst werden müssen. Sonst lesen alle in *ihrem* Vorverständnis, und weder Begriffs*bildung* noch ein Gespräch sind möglich. Das heißt nicht, daß immer stur am Text festgehalten werden muß. Hat man eine Passage erarbeitet, muß man auch abspüren, ob zu einem freien Gespräch übergegangen werden kann und Begriffe durch Erfahrungen und Vorarbeiten vertieft werden können.

Hier stellt sich auch die Frage nach der Vorbereitung. Ein guter Richtwert hierfür ist, den Text so vorzubereiten, daß man (eventuell mit dessen Hilfe) den Inhalt wiedergeben kann. Eine solche Wiedergabe ist auch zugleich ein guter Beginn, es ist aber klar, daß diese Zusammenfassungen nicht die Arbeit selbst ersetzen können. Vielmehr werden dadurch die Fragen vergegenwärtigt und eventuelle «Lücken» deutlich, so daß ein guter Start für ein Treffen gegeben ist. Nicht immer ist es vorteilhaft, daß alle ganz intensiv vorbereitet sind. Es passiert dann leicht, daß jeder nur seine «Knüller» loswerden will und eine gemeinsame Erarbeitung nicht stattfindet. Hier ist ein Nacharbeiten produktiver und hat zur Folge, daß die Fragen beim nächsten Mal viel lebendiger sind. Bei einer gut eingespielten Gruppe ist das unter Umständen anders. Intensive Vorbereitung kann auch so anregend sein, daß die Arbeit dadurch in eine höhere Schicht gehoben wird; der Text wird dann nicht bloß erarbeitet, sondern *be*arbeitet, das heißt, er wird Grundlage, eine Art Partitur, um gemeinsam darauf zu «musizieren». Die schon beschriebenen Stilbetrachtungen und das Erleben der Gedankenkomposition, aber auch das Vordringen bis zum Inspirationsgehalt sind dann möglich. Es gehört zu den höchsten Erlebnissen, wenn so etwas in der Gruppe gelingt.

Unabhängig vom Grad der Vorbereitung ist es immer sinnvoll, zu Beginn den Text laut zu lesen.

Die Gruppe als Ganzes

GESPRÄCHSLEITUNG

Die Hauptaufgabe, die sich für den dritten Aspekt stellt, ist: ein *Bewußtsein für die anderen* zu entwickeln. Das schließt sowohl ein, Anliegen einzelner zu kennen und zu berücksichtigen, als auch den Überblick über die Prozesse innerhalb der Gruppe zu haben. Dazu gehören Verabredungen, die den äußeren Rahmen betreffen, wie Uhrzeit und so weiter, aber genauso der Überblick in bezug auf das Thema. Es gilt, die äußeren Bedingungen so zu formen, daß das Thema seinem Wesen gemäß behandelt werden kann. Normalerweise werden die sich daraus ergebenden Aufgaben an eine Gesprächsleitung delegiert (auch wenn das nicht bewußt geschieht). Die Aufgaben, die einem Gesprächsleiter zukommen, sind aber nicht nur dann vorhanden, wenn tatsächlich ein einzelner die Leitung übernimmt. Selbst wenn alle für die Gruppe verantwortlich sind, sind diese Aufgaben da – aber sie sind dann oft nach bestimmten charakterlichen Eigenschaften auf die ganze Gruppe verteilt. In diesem Fall kann es günstiger sein, klar zu verabreden, wer welche Aufgabe übernimmt. Es ist besser, wenn die Einleitung nicht immer nur dem redegewandten Intellektuellen zufällt, sondern auch andere sich darin üben können. Es kann sogar sehr produktiv sein, wenn die einzelnen Aufgaben an verschiedene Teilnehmer verteilt werden; ist dazu ein solches Vertrauensklima da, daß man sich gegenseitig in einem Rückblick auf die Schwächen und positiven Aspekte hinweisen kann, kann die soziale Kompetenz der einzelnen erheblich gesteigert werden. (Es ist dies aber nur fruchtbar, wenn es *ausdrücklich* von *allen* erwünscht ist; sonst wird leicht sachliche mit persönlicher Kritik verwechselt.)

Es gilt: Je mehr die individuellen Anliegen übereinstimmen, desto eher kann die Leitung auf die ganze Gruppe verteilt sein; je verschiedenartiger die Fragen und der Hintergrund der einzelnen, desto mehr muß ein einzelner alle Anliegen im Bewußtsein haben und didaktisch vermitteln. Die Aufgaben dieser Leitung sollen im folgenden kurz angedeutet werden.

Die erste Aufgabe, die einer Gesprächsleitung zukommt, ist: Gestaltung von Zeit. *Wieviel* nimmt man sich vor? *Wie schnell* geht man vor, wie oft trifft man sich? *Wie intensiv* sind die damit verbundenen Fragen? *Wohin* führt die Arbeit? An diesen vier Fragen kann man prüfen, ob die oben genannten Faktoren (individuelles Anliegen, Thema und Zielvorstellungen) in Harmonie in bezug auf die zeitliche Gestaltung sind. Man kann an ihnen prüfen, ob die Einteilung der Arbeit realistisch ist, ob die zeitlichen Verhältnisse dem Thema gerecht werden.[16]

VERABREDUNGEN

Aber zur Zeitgestaltung gehört noch mehr: Anfang und Ende der einzelnen Sitzung, aber auch des ganzen Zusammenhangs muß gegriffen werden. Es erhöht die Effektivität, wenn man eine bestimmte Anzahl von Terminen verabredet oder sich sagt, man trifft sich wöchentlich ein halbes Jahr lang. Dann ist eine Begrenzung in Aussicht, und von dort her bestimmt sich die Einteilung der Arbeit; die Konzentration auf das Wesentliche wird erhöht und die Gefahr vieler – interessanter – Abschweifungen nicht so groß, als wenn man das Gefühl hat, die Arbeit wird nie ein Ende haben – und es gibt immer ein nächstes Mal. Das gilt auch für den einzelnen Termin. Es beruhigt ungemein, wenn klar ist, daß um 9.30 Uhr pünktlich die Arbeit beendet wird und sich jeder darauf verlassen kann. Sonst hat man vielleicht dauernd das Gefühl im Nacken, man müsse auf die Uhr schauen, damit man rechtzeitig gehen kann, um den letzten Bus noch zu erreichen. Es gehört zur Verantwortung der Leitung, hierauf zu achten. Es hat nichts mit Kleinlichkeit zu tun, wenn pünktlich begonnen und aufgehört wird, sondern es ermöglicht ein volles Sich-Einlassen auf die Sache. Es sollte klar sein, ob die

[16] Zu den Faktoren und Bedingungen des Gesprächs findet man Detaillierteres in: Heinz Zimmermann: Sprechen, Zuhören, Verstehen in Erkenntnis- und Entscheidungsprozessen, Stuttgart 1991.

verabredete Uhrzeit Beginn der Arbeit oder ungefährer Zeitpunkt des Sich-Einfindens ist. Es ist nicht nur ungerecht, daß diejenigen, die pünktlich sind, auf alle anderen warten müssen, sondern es wird auch die Grenze zwischen Alltagsbewußtsein und dem Gebiet der Geisteswissenschaft verwischt; zu leicht spricht man plaudernd-intellektuell beim Kaffee über «höchste» Inhalte, und man weiß gar nicht, ob jetzt die Arbeit eigentlich schon begonnen hat.

Das gleiche gilt für die Teilnahme an einer Gruppe. Ist sie verbindlich? Kann man kommen, wann man will, oder verpflichtet man sich für eine bestimmte Zeitspanne? Können Neue hinzukommen, nachdem begonnen wurde, oder legt man fest, daß die Gruppe geschlossen für eine gewisse Zeit arbeitet? Meldet man sich ab, wenn man nicht kommen kann? Sind diese Fragen geklärt, können viele Frustrationen und Pannen verhindert werden.

Bevor die eigentliche Arbeit beginnen kann, ist es sinnvoll, zu fragen, ob besondere Anliegen und Fragen vorhanden sind, die dringend geklärt werden müssen, ob neue Termine gesucht werden müssen (was unter Umständen sehr lange dauern kann) oder andere Dinge zu besprechen sind, denen Zeit eingeräumt werden muß. Es ist sinnvoll, das zu Beginn kurz abzuklären und dann am Ende dafür Zeit einzuräumen. Man verschenkt sonst seine Konzentration und bewirkt vielleicht, daß die erste Dreiviertelstunde mit Verabredungen und Terminsuche verbracht wird. Nimmt man sich dagegen 10 Minuten am Ende, geht es oft schneller, und es ist auch klarer, *wozu* man sich verabreden will.

Wenn der äußere Rahmen gesteckt ist, muß der Gesprächsleiter dafür sorgen, daß die Arbeit in Gang kommt. Wie kann der Beginn gestaltet werden? Einige Übungen und Möglichkeiten des Beginns der eigentlichen Arbeit sind am Schluß zusammengestellt; was aber auf jeden Fall gilt: Anfangen ist eine Kunst. Entscheidend dabei ist wieder die Frage, die die Arbeit in Gang bringt. Allerdings ist diejenige Frage, die nur auf eine Antwort wartet, dazu nicht geeignet. Rhetorisch oder pädagogisch wirkende Fragen wirken hier sehr lähmend. Das heißt nicht, daß der Gesprächsleiter sich nicht vorbereiten kann, aber es ist sinnvoll, von den *eigenen* Fragen auszugehen und gegebenenfalls diese auf solche Art zu stellen, daß sie allen zugänglich sind. Das bedeutet nicht, daß man eigenen Neigungen und Lieblingsthemen nachhängt, sondern dieses Fragen muß sich ja immer auf diese spezielle Gruppe mit ihren Anliegen richten, aus dem Bewußtsein von den anderen geschöpft sein. Es ist durchaus sinnvoller, *Fragen* vorzubereiten, als sich Antworten auf mögliche Fragen zurechtzulegen. Es gilt zu motivieren, daß jeder selbst die Antwort suchen kann; die entsprechenden Fragen zu stellen, ist die Kunst des Anfangens. Eine Frage zu stellen heißt jedoch nicht einen Satz mit Fragezeichen auszusprechen; es muß das ganze gedankliche Umfeld vergegenwärtigt werden, in dem die Frage auftaucht. Zu ermöglichen, daß dieses Umfeld von allen betreten werden kann, ist Aufgabe einer Einleitung.

Daß der Gesprächsleiter zum belehrenden Pädagogen wird, muß nicht unbedingt an ihm liegen, auch die anderen können ihn in die Position bringen, nur noch *Fragenbeantworter* zu sein. Er muß dann entscheiden, auf welche Fragen er eingeht, welche später zu besprechen sind, und vor allem sehen, welche Fragen im Hinblick auf den Text wichtig sind. Es bedarf in einer solchen Situation viel Kraft, die Aufmerksamkeit auf den Text zu lenken und die Kraft des Fragens zu steigern und schließlich auf die eigene gedankliche Arbeit des Fragestellers zu richten. Das ist der entscheidende Punkt, der Krisenpunkt, an dem sich meist entscheidet, ob es zu einer produktiven Arbeit kommt: der Übergang von der Einleitung zu gemeinsamer Arbeit. Sind die Fragen der einzelnen so erweckt, daß individuelle Aktivität entsteht?

Auch der Abschluß hat Vermittlungsfunktion: Er muß die Früchte der Arbeit einholen und so zusammenstellen, daß sie zum nächsten Mal reifen können. Der Gang des Erarbeiteten will nochmals vergegenwärtigt und in ein Verhältnis zu den gestellten Fragen gebracht werden. Hieraus kann dann der Fortgang der Arbeit besprochen werden.

ZEITEINTEILUNG

Auch die Zeit zwischen Einleitung und Abschluß muß natürlich gegriffen sein. Wann bleibt man streng beim Text, wann ist es günstiger, ein offenes Gespräch zu führen, wo liegt der Höhepunkt der Arbeit? Das muß natürlich immer aktuell und geistesgegenwärtig entschieden werden. Ein paar sehr allgemeine Richtlinien können noch genannt werden: 75 bis 90 Minuten sind eine gute Größenordnung für eine Studienzusammenkunft; eine Arbeit unter 60 Minuten bleibt meist unverbindlich, bei mehr als 90 Minuten wird eine Pause nötig.

Man kann in fünf Phasen gliedern: *Einleitung – Aufbau – Wendepunkt – Höhepunkt oder Ermüdung – Abschluß*. Der kritische Wendepunkt wird meist nach etwa einer Stunde erreicht; oft schaut man zu diesem Zeitpunkt zum ersten Mal auf die Uhr, um sich zu orientieren, wieviel Zeit noch bleibt. Hiernach kommt es entweder zu einem Höhepunkt der Arbeit, wo alles vorher Erarbeitete zusammenklingt und zusammengeschaut wird, oder es tritt eine Ermüdung ein, und die Aufmerksamkeit wird zerstreut, es kommt zum Beispiel zu intellektuellen Diskussionen zwischen zwei Teilnehmern, die sich an etwas festhaken, oder zum unverbindlichen Austausch von Anekdoten oder Steiner-Zitaten.

Die weiter unten angeführten Übungen eignen sich für die Phase des Aufbaus, sie sind so gewählt, daß sich möglichst viele beteiligen können und der Bezug zum Text möglichst stark erhalten bleibt. Ganz schematisch gesehen, ist ein typischer Verlauf so, daß der *Aufbau* stärker textorientiert ist, die Zeit um den *Wendepunkt* im freien Gespräch verläuft und der *Höhepunkt* im Zusammenspiel von Gespräch und Text stattfindet. Einleitung und Aufbau nehmen ca. ⅔ der Zeit, Höhepunkt und Abschluß ca. ⅓ in Anspruch.

In erster Linie besteht die Aufgabe des Gesprächsleiters, wie gesagt, in der Gestaltung von Zeit. Er muß sowohl ein Bewußtsein von den raum-zeitlichen als auch den thematischen Gegebenheiten haben, sowohl Fach- als auch Sozialkompetenz haben: Er muß sein Bewußtsein frei haben von den eigenen Bedürfnissen für die Anliegen der anderen und den Anforderungen des Textes.[17] Letztlich hängt das Gelingen der Textarbeit wesentlich von der Phantasiefähigkeit, der Freude am Experiment und dem Willen, gemeinsam zu arbeiten, ab.

Noch einmal im Überblick die zu beachtenden Elemente:

- *Individuelle Anliegen*
  - *Klärung der Arbeitsweise: Abklären der Fragen, Bedürfnisse und Erwartungen gegenüber der Arbeit. Arbeit am Werk oder am Thema? Gesprächsaustausch oder Textarbeit? Seminar oder Gruppenarbeit? Arbeitsmethode? Gesprächsleitung?*
  - *Pendel zwischen Frage, Antwort und Offenlassen.*
- *Auswahl des Themas*
  - *Vortrag oder geschriebenes Werk? Einführende Arbeit oder Arbeit mit Fortgeschrittenen?*
  - *Wie sieht die Vorbereitung und Nachbereitung aus, wie sind die Voraussetzungen zur Teilnahme, was sind die Vorkenntnisse?*
- *Die Gruppe als Ganzes*
  - *Verteilung der Gesprächsleitungsaufgaben.*
  - *Zeiteinteilung. Wie schnell? Wie viel? Wie intensiv? Wohin/Ziel? Zeitlicher Aufbau der einzelnen Einheit: Einleitung und Abschluß, Gestaltung des Hauptteils.*
  - *Verabredungen und Verbindlichkeiten.*

---

[17] Nur am Rande soll erwähnt werden, daß sich ein Gruppenleiter natürlich über die Verantwortung dessen im klaren sein muß, was er tut. Betätigt man sich weiter als im engsten privaten Kreis, tritt man als Repräsentant der Anthroposophie auf. Man muß klar vor Augen haben, ob man das will und ob man die Bedingungen dafür erfüllt.

- Nachdem ein Kapitel oder eine Passage gelesen ist, kann man mit geschlossenem Buch den Inhalt Gedanke für Gedanke oder Absatz für Absatz wiedergeben. Gelingt dies schon gut, kann man auch den Gedankengang rückwärts, vom Ende zum Beginn im Gespräch oder reihum aufbauen. Man kann hier prüfen, ob die Gedanken schon so erarbeitet sind, daß man sich im Text orientieren kann und üben, durch Nachbildung der Gedankenfolge, den Gedankengang selbst hervorzubringen.
- Eine Textpassage oder ein Gedanke kann von der Gruppe an der Tafel in einen oder mehrere Sätze gefaßt werden, wobei möglichst wenig Ausdrücke aus dem Text zu übernehmen sind. Die Sätze sind so zu formulieren, daß sie begrifflich exakt sind und in einem philosophischen Buch stehen könnten. Es ist sehr fruchtbar, wenn an diesen Sätzen richtig «gefeilt» wird, durch Austauschen einzelner Worte, durch Umstellung des Satzes, durch Austauschen von Begriffen durch Bilder und so weiter, bis man eine zufriedenstellende Version hat. Man steigert so das Stilempfinden und lernt, Worte und Gedanken zu unterscheiden. Die ursprüngliche Form des Satzes erscheint dann auch in ihrem eigentlichen Wert.
- Ähnlich ist die Übung, einen Satz aus dem Text in zehn Variationen umzuformulieren. Man kann so vorgehen, daß man die Gestalt des Satzes beibehält und einzelne Wörter austauscht oder die

Wörter beibehält und die Satzstruktur umstellt (man beachte die feinen Bedeutungsverschiebungen). Auch hier lernt man, den Gedanken aus seiner sprachlichen Hülle zu lösen, ihn selbständig zu fassen und neu zu formulieren. Für diese Übung darf die Gruppe natürlich nicht zu groß sein. Damit auch langsamere Teilnehmer mitwirken können, läßt sich diese Übung auch gut schriftlich durchführen.

- Man kann mehrere ganz spontane «Kurzvorträge» über einen erarbeiteten Abschnitt von verschiedenen Teilnehmern halten lassen (vorausgesetzt natürlich, daß alle Spaß daran haben und eine gewisse Spielfreude mitbringen). Es können sich «Fragenbeantwortungen» anschließen. Hier ist vor allem Geistesgegenwart gefordert. Man kann sich üben, einen Gedankenbogen im freien Sprechen darzustellen, und durch die anschließenden Fragen prüfen, wie sicher man in den entsprechenden Gedanken ist.
- Es kann sich lohnen, nachdem ein Abschnitt bearbeitet ist, die zehn wichtigsten Fragen an diesen Abschnitt zu stellen und zu notieren: Man begibt sich dann in die Tätigkeit, durch die sich der Abschnitt vertiefen läßt oder die Brücke zum folgenden Text geschlagen werden kann.
- *Textarbeit nach scholastischer Methode.* Diese Methode eignet sich, wenn es den Arbeitenden auf besondere begriffliche Schärfe ankommt: Eine Passage des Textes wird von einem Teilnehmer (A) in eigenen Worten wiedergegeben, während die anderen die Stichhaltigkeit des Gesagten zu prüfen

haben. Bevor jedoch ein anderer Teilnehmer (B) sich äußert, hat er wiederzugeben, was der erste (A) gesagt hat. (Nicht was im Text steht, sondern was von A wiedergegeben wurde!) Dann hat A sich zu äußern, ob B richtig wiedergegeben hat. Falls nicht, wiederholt A in neuen Worten seine Wiedergabe des Textes. Falls ja, darf B seine Auffassung darstellen und von A abgrenzen. Für jeden weiteren Beitrag ist dieses Vorgehen einzuhalten. Man wird hier sehr schnell aufmerksam auf die Schwierigkeiten des wirklichen gegenseitigen Verstehens und auf die feinen Bedeutungsunterschiede, die sich zum Beispiel durch eine Wortveränderung ergeben. Eine scharfe Abgrenzung von sehr ähnlichen Gedanken kann dadurch erreicht und die Aufmerksamkeit dann auf die Präzision, mit der die Worte in den Texten gewählt sind, gelenkt werden.

- *Methode Carl Ungers,* wie sie in seinem Buchfragment «Versuch einer positiv-apologetischen Erarbeitung anthroposophischer Geisteswissenschaft»[18] anhand der «Theosophie» durchgeführt ist: Ein Kapitel wird in zehn Sätzen, dann in fünf Sätzen, dann in drei, dann in einem Satz zusammengefaßt. Schließlich wird der Inhalt des Kapitels in einem Begriff gefaßt. (In der Gruppe werden eher mündliche Beiträge anstelle von Sätzen verwendet werden.) Aus dem Überblick der Zusammenfassungen lassen sich Kompositionselemente des Textes herausarbeiten, so daß die Entwicklung

[18] Abgedruckt in: Carl Unger, Schriften, Bd. 2, Stuttgart 1966.

der Begrifflichkeiten sich verfolgen läßt. Schließlich wird ein selbständiger Umgang mit den Inhalten erreicht, aus dem dann eine gedankenstilistische Betrachtung anhand des Textes möglich ist.

- Sehr wertvoll, aber nicht im strengen Sinne in diesen Bereich von Übungen gehörend, ist natürlich die Bearbeitung von Texten mit künstlerischen Mitteln. Sprachgestaltung, Eurythmie, Plastizieren, Malen usw. zu den Texten oder verwandten Themen sind außerordentlich fruchtbar und auch für eine Einleitung oder Vorbereitung der Arbeit produktiv.

1. ANHANG

ERSTES KAPITEL AUS DEM BUCH «DIE SCHWELLE DER GEISTIGEN WELT»

Von dem Vertrauen, das man zu dem Denken haben kann, und von dem Wesen der denkenden Seele. Vom Meditieren

(1) Das menschliche Denken ist für das wache Tagesbewußtsein wie eine Insel inmitten der Fluten des in Eindrücken, Empfindungen, Gefühlen usw. verlaufenden Seelenlebens. Man ist bis zu einem gewissen Grade mit einem Eindruck, mit einer Empfindung fertig geworden, wenn man sie begriffen, das heißt, wenn man einen Gedanken gefaßt hat, der den Eindruck, die Empfindung beleuchtet. Selbst im Sturme der Leidenschaften und Affekte kann eine gewisse Ruhe eintreten, wenn sich das Seelenschiff bis zu der Insel des Denkens hingearbeitet hat.

(2) Die Seele hat ein natürliches Vertrauen zu dem Denken. Sie fühlt, daß sie alle Sicherheit im Leben verlieren müßte, wenn sie dieses Vertrauen nicht haben könnte. Das gesunde Seelenleben hört auf, wenn der Zweifel an dem Denken beginnt. Kann man über irgend etwas im Denken nicht ins klare kommen, so muß man den Trost haben können, daß die Klarheit sich ergeben würde, wenn man sich nur zur genügenden Kraft und Schärfe des Denkens aufraffen

könnte. Über das eigene Unvermögen, etwas durch Denken zur Klarheit zu bringen, kann man sich beruhigen; nicht aber kann man den Gedanken ertragen, daß das Denken selbst nicht Befriedigung bringen könnte, wenn man in sein Gebiet so eindringen würde, wie es für eine bestimmte Lebenslage zur Erlangung des vollen Lichtes notwendig ist.

(3) Diese Stimmung der Seele gegenüber dem Denken liegt allem Erkenntnisstreben der Menschheit zugrunde. Sie kann durch bestimmte Seelenverfassungen abgedämpft sein; im dunklen Fühlen der Seelen wird sie stets nachweisbar sein. Diejenigen Denker, welche an der Gültigkeit und Kraft des Denkens selbst zweifeln, täuschen sich über die Grundstimmung ihrer Seele. Denn es ist doch eigentlich ihre Denkschärfe oft, welche durch eine gewisse Überspannung ihnen die Zweifel und Rätsel bildet. Vertrauten sie dem Denken wirklich nicht, so zerquälten sie sich nicht mit diesen Zweifeln und Rätseln, welche doch nur die Ergebnisse des Denkens sind.

(4) Wer das hier angedeutete Gefühl in bezug auf das Denken in sich entwickelt, der empfindet in diesem nicht allein etwas, das er in sich als Kraft der menschlichen Seele ausbildet, sondern auch etwas, das ganz unabhängig von ihm und seiner Seele eine Welt-Wesenheit in sich trägt. Eine Welt-Wesenheit, zu welcher er sich hindurcharbeiten muß, wenn er in etwas leben will, das *zugleich* ihm und der von ihm unabhängigen Welt angehört.

(5) Dem Gedanken-Leben sich hingeben zu können, hat etwas tief Beruhigendes. Die Seele fühlt, daß sie in diesem Leben von *sich selbst* loskommen kann.

Dieses Gefühl aber braucht die Seele ebenso wie das entgegengesetzte, dasjenige des völlig In-sich-selbst-sein-Könnens. In beiden Gefühlen liegt der ihr notwendige Pendelschlag ihres gesunden Lebens. Im Grunde sind Wachen und Schlafen nur die extremsten Ausdrücke dieses Pendelschlags. Im Wachen ist die Seele in sich, lebt ihr Eigenleben; im Schlafen verliert sie sich an das allgemeine Welt-Erleben, ist also gewissermaßen von sich selbst losgelöst. – Beide Ausschläge des Seelenpendels zeigen sich durch verschiedene andere Zustände des inneren Erlebens. Und das Leben in Gedanken ist ein Loskommen der Seele von sich selbst, wie das Fühlen, Empfinden, Affektleben usw. ein In-sich-selbst-Sein sind.

(6) So angesehen, bietet das Denken der Seele den Trost, den sie braucht gegenüber dem Gefühl des Verlassenseins von der Welt. Man kann in berechtigter Art zu der Empfindung kommen: Was bin ich in dem Strome des allgemeinen Weltgeschehens, der von Unendlichkeit zu Unendlichkeit läuft, mit meinem Fühlen, mit meinem Wünschen und Wollen, die doch nur für mich Bedeutung haben? Sobald man das Leben in Gedanken recht erfühlt hat, stellt man dieser Empfindung die andere entgegen: Das Denken, das mit diesem Weltgeschehen zu tun hat, nimmt dich mit deiner Seele auf; du lebst in diesem Geschehen, wenn du sein Wesen denkend in dich fließen läßt. Man kann sich dann von der Welt aufgenommen, in ihr gerechtfertigt fühlen. Aus dieser Stimmung der Seele folgt dann für diese eine Stärkung, die sie so empfindet, als ob sie ihr von den Weltmächten selbst nach weisen Gesetzen zugekommen wäre.

(7) Von dieser Empfindung ist es dann nicht mehr weit zu dem Schritte, nach welchem die Seele sagt: Nicht ich denke bloß, sondern es denkt in mir; es spricht das Weltenwerden in mir sich aus; meine Seele bietet bloß den Schauplatz, auf dem sich die Welt als Gedanke auslebt.

(8) Diese Empfindung kann von dieser oder jener Philosophie zurückgewiesen werden. Es kann mit den mannigfaltigsten Gründen scheinbar ganz einleuchtend gemacht werden, daß der eben ausgesprochene Gedanke von dem «Sich-Denken der Welt in der menschlichen Seele» völlig irrtümlich sei. Demgegenüber muß erkannt werden, daß dieser Gedanke ein solcher ist, der durch inneres Erleben erarbeitet wird. Erst wer ihn so erarbeitet hat, versteht seine Gültigkeit völlig und weiß, daß alle «Widerlegungen» an seiner Gültigkeit nicht rütteln können. Wer ihn sich erarbeitet hat, der sieht gerade an ihm ganz klar, was viele «Widerlegungen» und «Beweise» in Wahrheit wert sind. Sie scheinen oft recht untrüglich, solange man von der Beweiskraft ihres Inhalts noch eine irrtümliche Vorstellung haben kann. Es ist dann schwer, sich mit Menschen zu verständigen, welche solche «Beweise» für sich maßgeblich finden. Diese *müssen* den anderen im Irrtum glauben, weil sie die innere Arbeit in sich noch nicht geleistet haben, welche ihn zur Anerkennung dessen gebracht hat, was ihnen irrtümlich, vielleicht sogar töricht vorkommt.

(9) Für denjenigen, welcher sich in die Geisteswissenschaft finden will, sind Meditationen von Nutzen, wie die eben über das Denken vorgebrachte.

Für einen solchen handelt es sich doch darum, daß er seine Seele in eine Verfassung bringe, die ihr den Zugang in die geistige Welt öffnet. Dieser Zugang kann dem scharfsinnigsten Denken, kann der vollendetsten Wissenschaftlichkeit verschlossen bleiben, wenn die Seele nichts den geistigen Tatsachen oder ihrer Mitteilung entgegenbringt, die auf sie eindringen wollen. – Es kann eine gute Vorbereitung für das Erfassen der geistigen Erkenntnis sein, wenn man öfters gefühlt hat, welche Stärkung in der Seelenstimmung liegt: «Ich empfinde mich denkend eins mit dem Strom des Weltgeschehens.» – Es kommt dabei viel weniger auf den abstrakten Erkenntniswert dieses Gedankens an, als vielmehr darauf, in der Seele oft die stärkende Wirkung empfunden zu haben, die man erlebt, wenn ein solcher Gedanke kraftvoll durch das Innenleben strömt, wenn er sich wie geistige Lebensluft im Seelenleben ausbreitet. Es handelt sich nicht allein um das Erkennen dessen, was in einem solchen Gedanken liegt, sondern um das *Erleben*. Erkannt ist er, wenn er *einmal* mit genügender Überzeugungskraft in der Seele gegenwärtig war; soll er Früchte zeitigen für das Verständnis der geistigen Welt, ihrer Wesenheiten und Tatsachen, so muß er, nachdem er verstanden ist, in der Seele immer wieder belebt werden. Die Seele muß sich immer wieder ganz von ihm erfüllen, nur ihn in ihr anwesend sein lassen, mit Ausschluß aller anderen Gedanken, Empfindungen, Erinnerungen usw. – Ein solches wiederholtes Sich-Konzentrieren auf einen volldurchdrungenen Gedanken zieht Kräfte in der Seele zusammen, die im gewöhnlichen Leben gewissermaßen zerstreut sind; sie verstärkt sie in sich selbst. Diese zusammengezogenen Kräfte werden zu den Wahrnehmungsorganen für die geistige Welt und ihre Wahrheiten.

(10) Man kann an dem Angedeuteten den rechten Vorgang des Meditierens erkennen. Erst arbeitet man sich zu einem Gedanken durch, den man einsehen kann mit den Mitteln, welche das gewöhnliche Leben und Erkennen an die Hand geben. Dann versenkt man sich wiederholt in diesen Gedanken, macht sich ganz eins mit ihm. Die Stärkung der Seele kommt durch das Leben mit einem solchen erkannten Gedanken. – Hier wurde als Beispiel ein Gedanke gewählt, der aus der Natur des Denkens selbst genommen ist. Er wurde als Beispiel gewählt, weil er für das Meditieren ganz besonders fruchtbar ist. Doch gilt in bezug auf die Meditation das hier Gesagte von jedem Gedanken, der auf die beschriebene Art gewonnen ist. – Für den Meditierenden ist es nur ganz besonders fruchtbar, wenn er die Seelenstimmung kennt, die aus dem oben angedeuteten Pendelschlag des Seelenlebens sich ergibt. Er kommt dadurch am sichersten zu dem Gefühle, in seiner Meditation von der geistigen Welt unmittelbar berührt worden zu sein.

(11) Und dieses Gefühl ist ein gesundes Ergebnis der Meditation. – Es sollte dieses Gefühl seine Kraft ausstrahlen auf den Inhalt des ganzen übrigen wachen Tageslebens. Und zwar nicht so, daß stets etwas da ist, wie ein gegenwärtiger Eindruck der Meditationsstimmung, sondern in der Art, daß man sich stets sagen kann, es fließe in das ganze Leben eine

Stärkung durch das Meditationserlebnis. Wenn die Meditationsstimmung wie ein immer gegenwärtiger Eindruck durch das Tagesleben zieht, so gießt sie nämlich über dasselbe etwas aus, was die Unbefangenheit dieses Lebens stört. Sie wird dann in den Zeiten der Meditation selbst nicht genug stark und nicht genug rein sein können. Die rechten Früchte zeitigt die Meditation eben dadurch, daß sie sich mit ihrer Stimmung heraushebt aus dem übrigen Leben. Auf dieses wirkt sie auch dann am besten, wenn sie als etwas Besonderes, Herausgehobenes empfunden wird.

2. ANHANG

AUS DEM WERK RUDOLF STEINERS ÜBER DAS STUDIUM

Die folgenden Ausschnitte aus Rudolf Steiners Werk möchten die vorangehenden Ausführungen ergänzen und beleuchten, aber auch skizzieren, wie Rudolf Steiner die Beschäftigung mit seinem Werk verstanden wissen will. Dazu wurden das schriftliche Hauptwerk, geringe Teile des Vortragswerks und die Vorarbeiten zum Thema berücksichtigt, aber in keiner Weise irgendeine Vollständigkeit angestrebt. Des weiteren sollen die Bedeutung des Studiums im Kontext des anthroposophischen Schulungsweges und der Entstehung der Texte und ihrer Sprache zur Darstellung kommen. Den Abschluß bilden einige Ausführungen über Perspektiven des anthroposophischen Studiums. Die Ausschnitte sind selbstverständlich aus dem Zusammenhang des Gesamten gerissen, es empfiehlt sich daher, die Passagen selbst nachzulesen, um ein vollständiges Bild zu bekommen.

Grundsätzliches zum Studium der Anthroposophie

«Man muß sich der Idee erlebend gegenüberstellen können; sonst gerät man unter ihre Knechtschaft.»
(Die Philosophie der Freiheit, GA 4, S. 271)

a) Die Geheimwissenschaft im Umriß,
Vorbemerkung zur ersten Auflage

«Obwohl das Buch sich mit Forschungen befaßt, welche dem an die Sinnenwelt gebundenen Verstand nicht erforschbar sind, so ist doch nichts vorgebracht, was nicht verständlich sein kann unbefangener Vernunft und gesundem Wahrheitssinn einer jeden Persönlichkeit, welche diese Gaben des Menschen anwenden will. Der Verfasser sagt es unumwunden: er möchte vor allem Leser, welche nicht gewillt sind, auf blinden Glauben hin die vorgebrachten Dinge aufzunehmen, sondern welche sich bemühen, das Mitgeteilte an den Erkenntnissen der eigenen Seele und an den Erfahrungen des eigenen Lebens zu prüfen. (Gemeint ist hier nicht etwa *nur* die geisteswissenschaftliche Prüfung durch die übersinnlichen Forschungsmethoden, sondern vor allem die *durchaus mögliche* vom gesunden, vorurteilslosen Denken und Menschenverstand aus.) Er möchte vor allem *vorsichtige* Leser, welche nur das logisch zu Rechtfertigende gelten lassen. Der Verfasser weiß, sein Buch wäre *nichts* wert, wenn es nur auf blinden Glauben angewiesen wäre; es ist nur in dem Maße tauglich, als es sich vor der unbefangenen Vernunft rechtfertigen kann.» (GA 13, S. 14f.)

b) Theosophie. Einführung in übersinnliche
Welterkenntnis und Menschenbestimmung,
Vorrede zur dritten Auflage

«Wie man Bücher in unserem Zeitalter zu lesen pflegt, kann dieses nicht gelesen werden. In einer gewissen Beziehung wird von dem Leser jede Seite, ja mancher Satz *erarbeitet* werden müssen. Das ist mit Bewußtsein angestrebt worden. Denn nur so kann das Buch dem Leser werden, was es ihm werden soll. Wer es bloß durchliest, der wird es gar nicht gelesen haben. Seine Wahrheiten müssen erlebt werden. Geisteswissenschaft hat nur in diesem Sinne einen Wert.» (GA 9, S. 12)

c) Mein Lebensgang, Kapitel 33

«[...] ein anthroposophisches Buch ist darauf berechnet, in innerem Erleben aufgenommen zu werden. Dann tritt schrittweise eine Art Verstehen auf. Dieses kann ein sehr schwaches sein. Aber es kann – und soll da sein. Und das weitere befestigende Vertiefen durch die Übungen, die in ‹Wie erlangt man Erkenntnisse der höheren Welten?› geschildert sind, ist eben ein befestigendes Vertiefen. Zum Fortschreiten auf dem Geisteswege ist das notwendig; aber ein richtig verfaßtes anthroposophisches Buch soll ein *Aufwecker* des Geistlebens im Leser sein, nicht eine Summe von Mitteilungen. Sein Lesen soll nicht ein Lesen, es soll ein Erleben mit inneren Erschütterungen, Spannungen und Lösungen sein.

Ich weiß, wie weit das, was ich in Büchern gegeben habe, davon entfernt ist, durch seine innere Kraft ein solches Erleben in den lesenden Seelen auszulösen. Aber ich weiß auch, wie bei jeder Seite mein innerer Kampf darnach ging, nach dieser Richtung hin möglichst viel zu erreichen. Ich schildere dem Stile nach nicht so, daß man in den Sätzen mein subjektives Gefühlsleben verspürt. Ich dämpfe im Niederschreiben, was aus Wärme und tiefer Empfindung heraus ist, zu trockener, mathematischer Stilweise. Aber *dieser* Stil kann allein ein Aufwecker sein, denn der Leser muß Wärme und Empfindung in sich selbst erwachen lassen. Er kann diese nicht in gedämpfter Besonnenheit einfach aus dem Darsteller in sich hinüberfließen lassen.» (GA 28, S. 435f.)

Wie kann die Menschheit den Christus wiederfinden? Der folgende Vortrag steht in einer Reihe von Weihnachtsvorträgen, die Rudolf Steiner über die Idee der Erneuerung des Christentums gehalten hat. Im Neujahrsvortrag erläutert er, wie die Ursachen der Weltkriegskatastrophe abgewendet werden können:

«[...] Und da ist es von ungeheurer Notwendigkeit, wirklich das ernst zu nehmen, was hier so oft betont wird: Geisteswissenschaft nicht bloß als eine Theorie zu betrachten. Wenn Sie sie als eine Theorie betrachten, dann lesen Sie lieber Kochbücher oder dergleichen; denn das, was bloßer Inhalt ist in der Geisteswissenschaft, ist nicht eigentlich das Wesentliche und Wichtige. Das, worauf es ankommt, ist die Art, wie man denken muß, um Geisteswissenschaft anzuerkennen. Es ist eine andere Art des Denkens als diejenige, die man gerade aus dem heute gebräuchlichen Naturanschauen gewonnen hat. Es gibt eben zwei Arten, sich Gedanken zu bilden. Die eine Art ist die zergliedernde, die unterscheidende, die gerade in der Naturwissenschaft heute eine so große Rolle spielt. [...] Von dieser Denkweise [...] muß man klar unterscheiden die andere, die in der Geisteswissenschaft allein angewendet wird. Sie ist eine ganz andere Vorstellungsart, eine ganz andere Denkweise. Sie ist, im Gegensatz zu der zergliedernden, eine gestaltende Denkweise. Sehen Sie genauer zu, verfolgen Sie, was ich versuche in den verschiedenen Büchern über Geisteswissenschaft auszuführen, so werden Sie sich sagen: Nicht so sehr liegt der Unterschied in dem, was mitgeteilt wird – das kann man so oder so beurteilen –, aber aufmerksam sollte man werden, daß die ganze Art der Eingliederung der ganzen Welt, die ganze Art der Vorstellungen eine andere ist. Diese ist gestaltend, sie gibt abgeschlossene Bildheiten, sie versucht Konturen und durch Konturen Farben zu geben. [...] Dieser Unterschied des Wie muß hervorgehoben werden ebenso wie der Unterschied des Was. Also es gilt eine gestaltende Denkweise, die insbesondere ausgebildet wird und die den Zweck hat, in die übersinnlichen Welten hineinzuführen. Wenn Sie zum Beispiel das Buch nehmen ‹Wie erlangt man Erkenntnisse der höheren Welten?›, wo ein solcher Weg in die übersinnlichen Welten vorgezeichnet wird, so werden Sie finden, daß darin alles, was die Gedanken und Vorstellungen in Anspruch nimmt, auf gestaltendes Denken veranlagt ist. [...] Wenn Sie [...] das gestaltende Denken nehmen, das metamorphosierte Denken, ich könnte auch sagen das Goethesche Denken, wie es sich zum Beispiel darstellt in der Gestaltung unserer Säulen und Kapitäle und so weiter, wenn Sie dieses gestaltende Denken nehmen, das auch in all den Büchern beachtet ist, die ich versuchte in die Geisteswissenschaft hineinzustellen, so ist dieses Denken eng an den Menschen gebunden. So gestaltend, wie der Mensch mit dem Denken in sich selber wirkt, vermögen es keine andern Wesen als diejenigen, die mit der normalen Menschheitsentwicklung zusammenhängen. Das ist das Eigentümliche. Dadurch können Sie nie auf falsche Wege kommen, wenn Sie sich durch die Geisteswissenschaft auf gestaltendes Denken einlassen.» (GA 187, 1. 1. 1919, S. 176ff.)

d) Briefe an die Mitglieder, 2. Brief: Das rechte Verhältnis der Gesellschaft zur Anthroposophie

«[...] Anthroposophie kann nur als etwas Lebendiges gedeihen. Denn der Grundzug ihres Wesens ist Leben. Sie ist aus dem Geiste fließendes Leben. Deshalb will sie von der lebendigen Seele, von dem warmen Herzen gepflegt sein.

Die Urform, in der sie unter Menschen auftreten kann, ist Idee; und das erste Tor, an das sie sich bei Menschen wendet, ist die Einsicht. Wäre das nicht so, sie hätte keinen Inhalt. Sie wäre bloße Gefühlsschwärmerei. Aber der wahre Geist schwärmt nicht; er spricht eine deutliche, inhaltvolle Sprache.

Aber diese Sprache ist eine solche, die nicht allein den Verstand, sondern den ganzen Menschen ergreift. Wer nur mit dem Verstande Anthroposophie aufnimmt, der tötet sie in seinem Aufnehmen. Er findet dann vielleicht, daß sie ‹kalte Wissenschaft› sei. Aber er bemerkt nicht, daß sie erst durch den Empfang, den er ihr in seiner Seele bereitet hat, ihr warmes Leben verloren hat.

Anthroposophie muß sich, wenn sie in unserer Gegenwart ein Dasein haben will, der Mittel der gegenwärtigen Zivilisation bedienen. Sie muß in Büchern und im Vortrage ihren Weg zu den Menschen finden. Allein sie ist, ihrem Wesen nach, keine Sache für Bibliotheken. Sie muß jedesmal neu erstehen, wenn das Menschenherz sich an das Buch wendet, um von ihr zu erfahren. Das wird nur sein können, wenn das Buch so geschrieben ist, daß der Mensch beim Schreiben in die Herzen der Mitmenschen geschaut hat, um wissen zu können, was er ihnen zu sagen hat. Das wird aber auch nur sein können, wenn der Mensch beim Schreiben von dem Leben des Geistes berührt ist, und wenn er dadurch in die Lage kommt, dem toten Schreibworte anzuvertrauen, was die nach dem Geistigen suchende Seele des Lesers als ein Wiedererstehen des Geistes aus dem Worte empfinden kann. Nur Bücher, die im lesenden Menschen lebendig werden können, sind anthroposophische Bücher.

Noch weniger als das tote Buch selbst verträgt die Anthroposophie das in der Menschenrede zum Scheinleben gewordene Buch. Unsere Gegenwartszivilisation ist in vielen Gebieten so, daß Lesen eines Buches oder Aufsatzes und Anhören eines Menschen als etwas Gleichartiges erscheinen. Man lernt, indem man einem Menschen zuhört, nicht den Menschen kennen, sondern das, was er gedacht hat und was ebensogut geschrieben sein kann.

Anthroposophie verträgt nicht, daß sie restlos von dieser Art aufgesogen werde. Wer Anthroposophie von einem Menschen hört, der will den Menschen in all seinem ursprünglichen Wesen vor sich haben, nicht einen gesprochenen Aufsatz.

Deshalb kann Anthroposophie, wenn sie auch als Literatur notwendig leben *muß,* jedesmal wie neu geboren werden, wenn sie in einer Gruppe von Menschen im Worte den Weg zu den Seelen sucht. Aber sie wird nur da geboren werden, wenn der Mensch zum Menschen spricht, nicht der aufgenommene Gedanke.» (GA 260a, S. 41f.)

e) Die Geheimwissenschaft,
Kap. Charakter der Geheimwissenschaft

«Man kann gegenüber geheimwissenschaftlichen Ausführungen oftmals den Einwand hören: diese beweisen nicht, was sie vorbringen; sie stellen nur das eine oder das andere hin und sagen: die Geheimwissenschaft stelle dieses fest. Die folgenden Ausführungen verkennt man, wenn man glaubt, irgend etwas in ihnen sei in diesem Sinne vorgebracht. Was hier angestrebt wird, ist, das in der Seele am Naturwissen Entfaltete sich so weiter entwickeln zu lassen, wie es sich seiner eigenen Wesenheit nach entwickeln kann, und dann darauf aufmerksam zu machen, daß bei solcher Entwickelung die Seele auf übersinnliche Tatsachen stößt. Es wird dabei vorausgesetzt, daß jeder Leser, der auf das Ausgeführte einzugehen vermag, ganz notwendig auf diese Tatsachen stößt. Ein Unterschied gegenüber der rein naturwissenschaftlichen Betrachtung liegt allerdings in dem Augenblicke vor, in dem man das geisteswissenschaftliche Gebiet betritt. In der Naturwissenschaft liegen die

Tatsachen im Felde der Sinneswelt vor; der wissenschaftliche Darsteller betrachtet die Seelenbetätigung als etwas, das gegenüber dem Zusammenhang und Verlauf der Sinnes-Tatsachen zurücktritt. Der geisteswissenschaftliche Darsteller muß diese Seelenbetätigung in den Vordergrund stellen; denn der Leser gelangt nur zu den Tatsachen, wenn er diese Seelenbetätigung in rechtmäßiger Weise zu seiner eigenen macht. Diese Tatsachen sind nicht wie in der Naturwissenschaft – allerdings unbegriffen – auch *ohne* die Seelenbetätigung vor der menschlichen Wahrnehmung; sie treten vielmehr in diese nur *durch* die Seelenbetätigung. Der geisteswissenschaftliche Darsteller setzt also voraus, daß der Leser mit ihm gemeinsam die Tatsachen *sucht*. Seine Darstellung wird in der Art gehalten sein, daß er von dem Auffinden dieser Tatsachen *erzählt* und daß in der Art, wie er erzählt, nicht persönliche Willkür, sondern der an der Naturwissenschaft heranerzogene wissenschaftliche Sinn herrscht. Er wird daher auch genötigt sein, von den *Mitteln* zu sprechen, durch die man zu einer Betrachtung des Nichtsinnlichen – des Übersinnlichen – gelangt. – Wer sich in eine geheimwissenschaftliche Darstellung einläßt, der wird bald einsehen, daß durch sie Vorstellungen und Ideen erworben werden, die man vorher nicht gehabt hat. So kommt man zu neuen Gedanken auch über das, was man vorher über das Wesen des ‹Beweisens› gemeint hat. Man lernt erkennen, daß für die naturwissenschaftliche Darstellung das ‹Beweisen› etwas ist, was an diese gewissermaßen von außen herangebracht wird. Im geisteswissenschaftlichen Denken liegt aber die Betätigung, welche die Seele beim naturwissenschaftlichen Denken auf den Beweis wendet, schon in dem Suchen nach den Tatsachen. Man kann diese nicht finden, wenn nicht der Weg zu ihnen schon ein *beweisender* ist. Wer diesen Weg wirklich durchschreitet, hat auch schon das Beweisende erlebt; es kann nichts durch einen von außen hinzugefügten Beweis geleistet werden. Daß man dieses im Charakter der Geheimwissenschaft verkennt, ruft viele Mißverständnisse hervor.» (GA 13, S. 39ff.)

«Es ist [...] grundsätzlich zwar richtig, daß der Leser in der geheimwissenschaftlichen Darstellung eine Schilderung findet von Seelenerlebnissen, durch deren Verfolgung er sich zu den übersinnlichen Weltinhalten hinbewegen kann. Allein in der Praxis muß sich dieses doch als eine Art Ideal ausleben. Der Leser muß zunächst eine größere Summe von übersinnlichen Erfahrungen, die er noch nicht selbst erlebt, mitteilungsgemäß aufnehmen. Das kann nicht anders sein und wird auch mit diesem Buch so sein. [...] So könnte es scheinen, als ob doch die Voraussetzung gemacht würde, daß eine Anzahl vermeintlicher Erkenntnisse wie Dogmen vorgetragen würden, für die Glauben auf Autorität hin verlangt würde. Es ist dies aber doch nicht der Fall. Was nämlich von übersinnlichen Weltinhalten gewußt werden kann, das lebt in dem Darsteller als lebendiger Seeleninhalt; und lebt man sich in diesen Seeleninhalt ein, so entzündet dieses Einleben in der eigenen Seele die Impulse, welche nach den entsprechenden übersinnlichen Tatsachen hinführen.

Man lebt im Lesen von geisteswissenschaftlichen Erkenntnissen auf andere Art, als in demjenigen der Mitteilungen sinnenfälliger Tatsachen. Liest man Mitteilungen aus der sinnenfälligen Welt, so liest man eben *über* sie. Liest man aber Mitteilungen über übersinnliche Tatsachen im rechten Sinne, so lebt man sich ein in den Strom geistigen Daseins. Im Aufnehmen der Ergebnisse nimmt man zugleich den eigenen Innenweg dazu auf. Es ist richtig, daß dies hier Gemeinte von dem Leser zunächst oft gar nicht bemerkt wird. Man stellt sich den Eintritt in die geistige Welt viel zu ähnlich einem sinnenfälligen Erlebnis vor, und so findet man, daß, was man beim Lesen von dieser Welt erlebt, viel zu gedankenmäßig ist. Aber in dem *wahren* gedankenmäßigen Aufnehmen steht man in dieser Welt schon drinnen und hat sich nur noch klar darüber zu werden, daß man schon unvermerkt erlebt hat, was man vermeinte, bloß als Gedankenmitteilung erhalten zu haben. – Man wird über die echte Natur dieses Erlebten dann volle Klarheit erhalten, wenn man praktisch durchführt, was im zweiten (letzten) Teile dieses Buches als ‹Weg› zu den übersinnlichen Erkenntnissen geschildert ist. Wer ohne auf bestimmte Tatsachen der übersinnlichen Welt den Seelenblick zu richten, nur ‹Übungen› macht, um in die übersinnliche Welt einzutreten, für den bleibt diese Welt ein unbestimmtes, sich verwirrendes Chaos. Man lernt sich einleben in diese Welt gewissermaßen naiv, indem man sich über bestimmte Tatsachen derselben unterrichtet, und dann gibt man sich Rechenschaft, wie man – die Naivität verlassend – vollbewußt selbst zu den Erlebnissen gelangt, von denen man Mitteilung erhalten hat. Man wird sich, wenn man in geheimwissenschaftliche Darstellungen eindringt, überzeugen, daß ein sicherer Weg zu übersinnlicher Erkenntnis doch nur dieser sein kann. […]

So wird man durch das erste Aufnehmen der Mitteilungen, wie sie im ersten Teile dieses Buches gegeben sind, zunächst *Mit-Erkenner* der übersinnlichen Welt; durch die praktische Ausführung der im zweiten Teile angegebenen Seelenverrichtungen wird man selbständiger Erkenner in dieser Welt.» (GA 13, S. 48ff.)

f) Die Geheimwissenschaft, Vorrede zur 16.–20. Auflage

«Diese Verständlichkeit [der Darstellung des Inhalts der Geistwelt, R. S.] bleibt nur dann aus, wenn man sich selbst Hindernisse vor sie legt. Wenn man die Vorurteile, die die Zeit aus einer falsch aufgefaßten Naturanschauung von ‹Grenzen der Erkenntnis› sich gebildet hat, zu den eigenen macht.

Im Geist-Erkennen ist alles in intimes Seelenerleben getaucht. Nicht nur das geistige Anschauen selbst, sondern auch das Verstehen, das das nichtschauende gewöhnliche Bewußtsein den Ergebnissen des Schauenden entgegenbringt. […]

Wer in sein Urteil nur leise empfindend die Behauptung einfließen läßt, das geistig Geschaute ist von dem gewöhnlichen, noch nicht schauenden Bewußtsein – wegen dessen Grenzen – nicht erfaßbar, dem legt sich *dieses* empfindende Urteil wie eine verfinsternde Wolke vor das Erfassen; und er kann wirklich nicht verstehen. [...]

Ich habe ganz bewußt angestrebt, nicht eine ‹populäre› Darstellung zu geben, sondern eine solche, die notwendig macht, mit rechter Gedankenanstrengung in den Inhalt hineinzukommen. Ich habe damit meinen Büchern einen solchen Charakter aufgeprägt, daß deren Lesen selbst schon der Anfang der Geistesschulung ist. Denn die ruhige, besonnene Gedankenanstrengung, die dieses Lesen notwendig macht, verstärkt die Seelenkräfte und macht sie dadurch fähig, der geistigen Welt nahe zu kommen.» (GA 13, S. 26ff.)

Studium und Schulungsweg

> «Als wirksame Vorbereitung für die Übungen haben wir das Studium der Theosophischen Werke. Es ist besser, ein Werk fünfundzwanzigmal gelesen zu haben, als fünf Bücher jedes fünfmal; und wer ein Buch zwei- oder dreimal gelesen hat, darf sich gar nicht einbilden, es überhaupt gelesen zu haben.»
> (Aus den Inhalten der esoterischen Stunden. Bd. 2, 1910–1912, Berlin 15. 3. 1911, GA 266/2, S. 159)

g) Theosophie, Der Pfad der Erkenntnis

«Ausführungen von der Art, wie sie in dieser Schrift gegeben werden, liefern ein Gedankenbild der höheren Welten. Und sie sind in einer gewissen Beziehung der *erste Schritt* zur eigenen Anschauung. Denn der Mensch ist ein Gedankenwesen. Und er kann seinen Erkenntnispfad nur finden, wenn er vom Denken ausgeht. Wird seinem Verstande ein Bild der höheren Welten gegeben, so ist dieses für ihn nicht unfruchtbar, auch wenn es vorläufig gleichsam nur eine Erzählung von höheren Tatsachen ist, in die er durch eigene Anschauung noch keinen Einblick hat. Denn die Gedanken, die ihm gegeben werden, stellen selbst eine Kraft dar, welche in seiner Gedankenwelt weiter wirkt. Diese Kraft wird in ihm tätig sein; sie wird schlummernde Anlagen wecken. Wer der Meinung ist, die Hingabe an ein solches Gedankenbild sei überflüssig, der ist im Irrtum. Denn er sieht in dem Gedanken nur das Wesenlose, Abstrakte. Dem Gedanken liegt aber eine lebendige Kraft zugrunde. Und wie er bei demjenigen, der Erkenntnis hat, als ein unmittelbarer Ausdruck vorhanden ist dessen, was im Geiste geschaut wird, so wirkt die Mitteilung dieses Ausdrucks in dem, welchem er mitgeteilt wird, als *Keim*, der die Erkenntnisfrucht aus sich erzeugt. Wer sich behufs höherer Erkenntnis, unter Verschmähung der Gedankenarbeit, an andere Kräfte im Menschen wenden wollte, der berücksichtigt nicht, daß das Denken eben die höchste der Fähigkeiten ist, die der Mensch in der Sinnenwelt besitzt. Wer also fragt: wie gewinne ich selbst die höheren Erkenntnisse der Geisteswissenschaft? – dem ist zu sagen: unterrichte dich zunächst durch die Mitteilungen anderer von solchen Erkenntnissen. Und wenn er erwidert: ich will selbst sehen; ich will nichts wissen von dem, was andere gesehen haben, so ist ihm zu antworten: eben in der Aneignung der Mitteilungen anderer liegt die erste Stufe zur eigenen Erkenntnis. Man kann dazu sagen: da bin ich ja zunächst zum blinden Glauben gezwungen. Doch es handelt sich ja bei einer Mitteilung nicht um Glauben oder Unglauben, sondern lediglich um eine unbefangene Aufnahme dessen, was man vernimmt. Der wahre Geistesforscher spricht niemals mit der Erwartung, daß ihm blinder Glaube entgegengebracht werde. Er meint immer nur: dies habe ich erlebt in den geistigen Gebieten des Daseins, und ich erzähle von diesen meinen Erlebnissen. Aber er weiß auch, daß die Entgegennahme dieser seiner Erlebnisse und die Durchdringung der Gedanken des andern mit der Erzählung für diesen andern lebendige Kräfte sind, um sich geistig zu entwickeln.» (GA 9, S. 172–178)

h) Die Stufen der höheren Erkenntnis
Die Inspiration

«Erhält man also solche Wahrheiten mitgeteilt, dann erregen sie in der Seele durch ihre eigene Kraft die Inspiration. Man muß nur versuchen, wenn man solcher Inspiration teilhaftig werden will, diese Erkenntnisse nicht nüchtern und verstandesmäßig zu empfangen, sondern sich von dem Hochschwung der Ideen in alle nur möglichen Gefühlserlebnisse versetzen lassen. Und wie sollte man dies nicht können! Kann das Gefühl stumpf bleiben, wenn man die überwältigenden Vorgänge im Geiste vor sich vorüberziehen läßt, wie die Erde sich aus Mond, Sonne und Saturn entwickelt hat, oder wenn man die unendlichen Tiefen der Menschennatur durch eine Erkenntnis seines Äther-, Astralleibes usw. durchschaut? Man möchte fast sagen: schlimm genug für einen solchen, welcher in Nüchternheit solche Gedankengebäude erleben kann. Denn erlebte er sie nicht in Nüchternheit, sondern durchlebte er alle durch sie möglichen Gefühlsspannungen und Gefühlslösungen, alle Steigerungen und Krisen, alle Fortschritte und Rückschritte, alle Katastrophen und Verkündigungen: dann eben würde in ihm der Mutterboden zur Inspiration selbst zubereitet. Allerdings wird man das notwendige Leben in Gefühlen gegenüber solchen Mitteilungen aus einer höheren Welt nur wirklich entfalten können, wenn man Übungen solcher Art, wie sie oben angedeutet sind, macht. Wer alle seine Gefühlskräfte an die äußere sinnliche Wahrnehmungswelt wendet, dem werden die Erzählungen aus einer höheren Welt als ‹trockene Begriffe›, als ‹graue Theorie› erscheinen. Er wird niemals begreifen können, warum es dem andern warm ums Herz wird, wenn er die Mitteilungen der Geheimwissenschaft vernimmt, während er doch ‹kühl bis ans Herz hinan› bleibt. Er wird sogar sagen: ‹Das ist doch alles nur für den Verstand, das ist intellektuell; ich möchte etwas für das Gemüt.› Er sagt sich aber nicht, daß es an ihm liegt, daß sein Herz kalt bleibt.

Viele unterschätzen noch immer die Gewalt dessen, was in diesen Mitteilungen aus einer höheren Welt allein schon verborgen liegt. Und im Zusammenhange damit überschätzen sie allerlei andere

Übungen und Prozeduren. Ja, was nützt es mir, sagen sie, wenn mir andere erzählen, wie es in höheren Welten aussieht: ich möchte doch selbst da hineinschauen. Solchen fehlt nur zumeist die Geduld, sich immer wieder und wieder in solche Erzählungen aus höheren Welten zu vertiefen. Täten sie es, dann würden sie sehen, welche Zündekraft diese ‹bloßen Erzählungen› haben, und wie wirklich die eigene Inspiration angeregt wird, wenn man die Inspirationen anderer mitgeteilt erhält. – Gewiß, es müssen zum ‹Lernen› andere Übungen hinzukommen, wenn der Schüler rasche Fortschritte in dem Erleben der höheren Welten machen will; es sollte aber niemand die unbegrenzt große Bedeutung des ‹Lernens› unterschätzen. Und jedenfalls kann niemandem Hoffnung gegeben werden, daß er durch irgendwelche Übungen rasche Eroberungen in den höheren Welten machen werde, der es nicht zugleich über sich bringt: unablässig sich in die *Mitteilungen* zu vertiefen, die, rein erzählend, von den Vorgängen und Wesen der höheren Welten von berufener Seite gemacht werden.» (GA 12, S. 62f.)

i) Vor dem Tore der Theosophie

In dieser Vortragsreihe wird eine einführende Gesamtdarstellung der Theosophie gegeben. In diesem Vortrag wird der rosenkreuzerische, im Gegensatz zum orientalischen und christlichen, Schulungsweg geschildert.

«Die Schulung selbst besteht in folgendem:

1. Studium. Ohne Studium kommt der jetzige Europäer nicht dazu, sich selbst zu erkennen. Er muß

versuchen, erst die Gedanken der ganzen Menschheit in sich hervorzubringen. Er muß mit dem Weltensystem denken lernen. Er muß sich sagen: Wenn andere das gedacht haben, so muß es doch menschlich sein, und ich will einmal probieren, wie es sich damit leben läßt. – Man braucht darauf ja nicht wie auf ein Dogma zu schwören, aber man muß es kennenlernen durch Studium. Der Schüler muß die Entwicklung der Sonnen und Planeten, der Erde und der Menschheit kennenlernen. Diese Gedanken, die uns für das Studium überliefert werden, reinigen unseren Geist. An den strengen Gedankenlinien ranken wir uns hinauf dazu, selbst streng logische Gedanken zu bilden. [...] Wenn wir zum Beispiel ein sehr schweres Buch studieren, so kommt es weniger darauf an, den Inhalt zu begreifen, als darauf, daß wir auf die Gedankenbahnen des Verfassers eingehen und mitdenken lernen. Deshalb darf man auch kein Buch zu schwer finden; das hieße bloß, man ist zu bequem zu denken. Die besten Bücher sind gerade diejenigen, die man immer und immer wieder zur Hand nehmen muß, die man nicht gleich versteht, die man Satz für Satz studieren muß. Beim Studium kommt es nicht so sehr auf das Was als auf das Wie an. Durch die großen Wahrheiten, wie zum Beispiel die Planetengesetze, schaffen wir uns große Denklinien an, und das ist das Wesentliche an der Sache. Auch darin steckt viel Egoismus, wenn jemand sagt: Ich will mehr moralische Lehren haben und keine über Planetensysteme. – Richtige Weisheit bewirkt ein moralisches Leben.» (GA 95, 4. 9. 1906, S. 135f.)

j) Wie erlangt man Erkenntnisse der höheren Welten? Vorrede zur dritten Auflage

«[Diese Schrift möchte, R. S.] auch denjenigen etwas bieten, welche den Weg zu den übersinnlichen Erkenntnissen selbst suchen. Diejenigen Personen werden die Wahrheit des hier Dargestellten am besten erproben, welche sie in sich selbst verwirklichen. Wer solch eine Absicht hat, wird gut tun, sich immer wieder zu sagen, daß bei Darstellung der Seelenentwicklung mehr notwendig ist als ein solches Bekanntwerden mit dem Inhalte, wie es bei anderen Ausführungen oftmals angestrebt wird. Ein intimes Hineinleben in die Darstellung ist notwendig; die Voraussetzung soll man machen, daß man die *eine* Sache nicht nur durch das begreifen soll, was über sie selbst gesagt wird, sondern durch manches, was über ganz anderes mitgeteilt wird. Man wird so die Vorstellung erhalten, daß *nicht in einer* Wahrheit das Wesentliche liegt, sondern in dem Zusammenstimmen aller. Wer Übungen ausführen will, muß das ganz ernstlich bedenken. Eine Übung kann richtig verstanden, auch richtig ausgeführt sein; und dennoch kann sie unrichtig wirken, wenn nicht in dem Ausführenden ihr eine andere Übung hinzugefügt wird, welche die Einseitigkeit der ersten zu einer Harmonie der Seele auslöst. Wer diese Schrift intim liest, so daß ihm Lesen wie ein innerliches Erleben wird, der wird sich nicht nur mit dem Inhalte bekannt machen, sondern auch an dieser Stelle dieses, an einer anderen jenes Gefühl haben; und dadurch wird er erkennen, welches *Gewicht* für die Seelenentwicklung dem einen oder dem anderen zukommt. Er wird auch herausfinden, in welcher Form er diese oder jene Übung, nach seiner besonderen Individualität, gerade bei sich versuchen sollte. Wenn, wie hier, Beschreibungen in Betracht kommen von Vorgängen, welche *erlebt* werden sollen, so erweist sich als notwendig, daß man auf den Inhalt immer wieder zurückgreife; denn man wird sich überzeugen, daß man manches erst dann für sich selbst zu einem befriedigenden Verständnis bringt, wenn man es versucht hat und nach dem Versuche gewisse Feinheiten der Sache bemerkt, die einem früher entgehen mußten.» (GA 10, S. 10f.)

k) Wie erlangt man Erkenntnisse der höheren Welten?, Nachwort zum 8.–11. Tausend

«Man nehme doch ein solches Buch, wie dieses ist, wie ein Gespräch, das der Verfasser mit dem Leser führt. Wenn gesagt ist: der Geheimschüler bedürfe der persönlichen Anweisung, so fasse man dies doch so auf, daß das Buch selbst eine solche persönliche Anweisung ist. In früheren Zeiten gab es Gründe, solche persönliche Anweisungen dem mündlichen Geheim-Unterrichte vorzubehalten; gegenwärtig sind wir auf einer Entwickelungsstufe der Menschheit angelangt, in der das geisteswissenschaftliche Erkennen eine viel größere Verbreitung erfahren muß als früher. Es muß in ganz anderem Maße jedem zugänglich sein als in alter Zeit. Da tritt eben das Buch an die Stelle der früheren mündlichen Unterweisung. Der Glaube, daß man durchaus über das in dem Buche Gesagte hinaus noch eine persönliche Unterweisung brauche, hat nur eine bedingte Richtigkeit. Der eine oder andere kann ja freilich ein persönliches Nachhelfen brauchen, und ein solches kann ihm bedeutungsvoll sein. Aber es führte in die Irre, wenn man meinte, es gäbe Hauptsachen, die man im Buche nicht finde. Man findet sie, wenn man recht und namentlich wenn man *vollständig* liest.» (GA 10, S. 222f.)

Zur Entstehung der Werke, zur Sprache

> «Die im Geistigen herrschenden Beziehungen, die besondere Art desjenigen, was man da ‹Wesen› und Vorgänge nennen kann, ist viel komplizierter, feiner, vielgestaltiger als dasjenige, was im gewöhnlichen Sprachgebrauch zum Ausdruck kommt. Man gelangt nur zum Ziele, wenn man die Möglichkeiten ausnutzt, die in der Sprache liegen in bezug auf Satzwendungen, Wortumstellungen; wenn man sich bemüht, dasjenige, was ein Satz nicht adäquat aussprechen kann, durch einen hinzugefügten zweiten im Zusammenhang mit dem ersten zum Ausdruck zu bringen. Zum Verständnis der Anthroposophie ist durchaus nötig, auf solche Dinge einzugehen» (siehe n).

l) Sprache und Sprachgeist
Aufsatz in der Wochenschrift «Das Goetheanum», erschienen am 23. 7. 1922

«Wer in dieser Art schaut, der entfernt sich in seinem Schauen von dem, was durch die Sprache ausdrückbar ist. Sein Schauen findet zunächst nicht den Weg zu den Lippen. Greift er zu Worten, so hat er sogleich die Empfindung, daß der Inhalt seiner Schauung etwas anderes wird. Will er nun doch von seinen Schauungen Mitteilung machen, so beginnt sein Kampf mit der Sprache. Er sucht alles mögliche innerhalb des Sprachlichen zu verwenden, um ein Bild dessen zu gestalten, was er schaut. Von Lautanklängen zu Satzwendungen sucht er überall im Bereich des Sprachlichen. Er kämpft einen harten inneren Kampf. Er muß sich sagen: die Sprache hat etwas Eigenwilliges. Sie drückt schon für sich alles mögliche aus; auch du mußt erst dich an ihren Eigenwillen hingeben, damit sie aufnehme, was du schaust. Will man das geistig Erschaute in die Sprache gießen, so stößt man eben nicht auf ein unbestimmtes wachsartiges Element, das man beliebig formen kann, sondern man stößt auf einen ‹lebendigen Geist›, auf den ‹Geist der Sprache›.

Wenn man auf diese Art redlich kämpft, so kann der Kampf den besten, den schönsten Ausgang nehmen. Es kommt ein Augenblick, wo man fühlt: der Sprachgeist nimmt das Geschaute auf. Die Worte und Wendungen, auf die man kommt, nehmen selbst etwas Geistiges an; sie hören auf zu ‹bedeuten›, was sie gewöhnlich bedeuten und schlüpfen in das Geschaute hinein. – Da tritt etwas ein wie ein lebendiger Verkehr mit dem Sprachgeiste. Es nimmt die Sprache einen persönlichen Charakter an; man setzt sich mit ihr auseinander wie mit einem anderen Menschen.» (GA 36, S. 296f.)

m) Kunst und Kunsterkenntnis. Grundlagen einer neuen Ästhetik. Die Quellen der künstlerischen Phantasie und die Quellen der übersinnlichen Erkenntnis

In diesem Vortrag wird das Verhältnis von künstlerischer Phantasie und schauendem Bewußtsein beschrieben und das Erleben der verschiedenen Künste vom Gesichtspunkt der Geistesforschung. Hier kommt Rudolf Steiner auch auf das Verhältnis von Geistesforschung und Sprache zu sprechen:

«Der Seher aber erlebt das, was für ihn Inhalt des geistigen Erlebnisses ist, außerhalb der Sprache. Das ist etwas, was man schwer klarmachen kann, weil die meisten Menschen in Worten denken, aber der Seher denkt wortlos und ist dann genötigt, das was wortlos ist im Erleben, in die schon festgestaltete Sprache hineinzugießen. Er muß sich den formalen Verhältnissen der Sprache anbequemen. Er braucht dies nicht als Zwang zu fühlen, denn er kommt dahinter, worin das Geheimnis des Spracheschaffens besteht. Er kann sich verständigen dadurch, daß er das Vorstellungsmäßige der Sprache abstreift. Daher ist es so bedeutungsvoll, daß man begreift, es ist wichtiger, wie der Seher es sagt, als was er sagt. Was er sagt, ist bedingt durch die Vorstellung, die jeder von außen herein mitbringt. Er ist genötigt, um nicht als Narr angesehen zu werden, das, was er zu sagen hat, in gangbare Sätze und Vorstellungsverknüpfungen zu kleiden. Für die höchsten Gebiete des Geistes ist es wichtig, wie der Seher etwas sagt. Der steht ihm richtig gegenüber, der da auf das Wie des Ausdruckes kam, der darauf kam, daß der Seher achtgibt, manches kurz, anderes breiter, anderes gar nicht zu sagen, daß er genötigt ist, den Satz von einer Seite so zu formulieren, dann einen anderen dazuzusetzen von der anderen Seite her. Das Gestaltende ist das, was den höheren Teilen der Geisteswelt gegenüber wichtig ist. Daher ist es wichtig zum Verständnis, weniger bloß auf den Inhalt zu hören, der natürlich als Offenbarung der Geisteswelt auch wichtig ist, als durch den Inhalt durchzudringen auf die Art, wie der Inhalt ausgedrückt wird, um zu sehen, ob der Redner nur Sätze und Theorien koppelt, oder ob er aus Erfahrung redet. Das Sprechen aus der Geisteswelt wird sichtbar im Wie des Gesagten, nicht so sehr im Inhalt, sofern er theoretischen Charakter hat, sondern wie er zum Ausdruck kommt. Es kann da, bei solchen Mitteilungen aus den Formen des Sprachtums, das künstlerische Element der Sprache in das hineinwirken, was den Seher begeistert, sich bis zum Prozeß der Sprachschöpfung zu erheben, so daß er etwas nachformt von dem, was vorhanden war, als die Sprache entstand aus dem menschlichen Organismus heraus.» (GA 271, 5. 5. 1918, S. 137f.)

n) Von Seelenrätseln
Max Dessoir über Anthroposophie

«In der Anthroposophie hat man es zu tun mit Darstellungen des Geistigen. Man muß sich dabei der Worte, ja der Wortfügungen der gewöhnlichen Sprache bedienen. Man kann in diesen aber durchaus nicht immer adäquate Bezeichnungen finden für dasjenige, worauf die Seele gerichtet ist, wenn sie Geistiges schaut. Die im Geistigen herrschenden Beziehungen, die besondere Art desjenigen, was man da ‹Wesen› und Vorgänge nennen kann, ist viel komplizierter, feiner, vielgestaltiger als dasjenige, was im gewöhnlichen Sprachgebrauch zum Ausdruck kommt. Man gelangt nur zum Ziele, wenn man die Möglichkeiten ausnutzt, die in der Sprache liegen in bezug auf Satzwendungen, Wortumstellungen; wenn man sich bemüht, dasjenige, was ein Satz nicht adäquat aussprechen kann, durch einen hinzugefügten zweiten *im Zusammenhang* mit dem ersten zum Ausdruck zu bringen. Zum Verständnis der Anthroposophie ist durchaus nötig, auf solche Dinge einzugehen. Es kann zum Beispiel der Fall eintreten, daß ein geistiger Tatbestand ganz schief gesehen wird, wenn man die *Ausdrucksform* nicht als etwas Wesentliches ansieht.» (GA 21, S. 47, Anmerkung)

Weiterführendes

«Wollen Sie dasjenige, was in den Worten eines wirklichen anthroposophischen Buches liegt, so werden Sie durch dieses Wollen wenigstens gedankenhaft unmittelbar hellsichtig. Und sehen Sie, dieser Wille, der muß noch hinein in diejenigen, die unsere Anthroposophie vertreten! Wenn dieser Wille hineinfährt wie ein Blitz in diejenigen, die unsere Anthroposophie vertreten, dann wird die Anthroposophie vor der Welt in der richtigen Weise vertreten werden können. [...] Wenn man aber mit seinem ganzen Menschen untertaucht in ein Buch, das aus der Anthroposophie entstammt, dann wird es in einem lebendig.» (Siehe p)

o) Makrokosmos und Mikrokosmos

In diesen Mitgliedervorträgen über Einweihungsformen der Vergangenheit kommt Rudolf Steiner auf die soeben erschienene «Geheimwissenschaft» zu sprechen:

«[...] Deshalb müssen heute in unserer Gegenwart allmählich solche Beschreibungen für die Menschen geliefert werden, wie sie zum Beispiel – ich sage das nicht aus Unbescheidenheit, sondern weil es gefordert ist – gegeben werden in meinem eben erschienenen Buch ‹Die Geheimwissenschaft›. [...] Ein solches Buch darf nicht gelesen werden wie ein anderes Buch – dazu ist es nicht da –, sondern es soll so gelesen werden, daß die Begriffe und Ideen, die darin enthalten sind, Gefühle auslösen, daß man wirklich in der vollen Stärke das in der Seele empfindet, was da in Begriffen und Ideen gegeben ist. Wenn man das so liest, daß man die stärksten Empfindungserlebnisse durchmacht in der Seele, dann sind diese Empfindungserlebnisse ähnlich, wie diejenigen waren, welche in jenen nordischen Mysterien Europas erlebt worden sind.

Wir finden in diesem Buche eine Schilderung all der früheren Verkörperungen unserer Erde, finden geschildert einen Saturn-, einen Sonnen- und einen Mondzustand. Wenn Sie das, was als Schilderungen sich da findet, nicht lesen, wie man etwas Theoretisches liest, sondern, wenn Sie mitgehen mit dem, was da geschildert ist, wenn Sie achtgeben, wie da geschildert ist, so finden Sie da einen Unterschied des Stiles bei der Schilderung des alten Saturnzustandes und bei der Schilderung des Sonnenzustandes und bei der des Mondzustandes. Wenn Sie das, was über den Saturn gesagt wird, auf sich wirken lassen, dann können Sie etwas wiederfinden von der Frühlingsstimmung des nordischen Mysterienschülers, und in der Schilderung der Sonne haben Sie etwas, was dem Gefühl ähnlich ist, das den Mysterienschüler ergriff beim Aufjauchzen in der Johannisnacht. Es ist nicht umsonst, daß das Buch so lange hat auf sich warten lassen, denn es ist Wert darauf gelegt, daß die Schilderungen dazu angetan sind, in uns Gefühle wachzurufen, welche ähnlich sind den Stimmungen der Schüler in den nordischen Mysterien. Und wenn wir zu der Schilderung der Erdenentwicklung kommen und alles das beachten, wie dort der ganze Stil geformt ist, dann werden wir eine Stimmung haben, wie sie sein soll, wenn es gegen den Winter zu geht, gegen den 21. Dezember, die Wintersonnenwende. Sie erweckt Todeswehmut, und das geht dann über in die Weihnachtsstimmung. Das kann heute gegeben werden anstelle dessen, was der Mensch heute nicht mehr durchmachen kann, weil er eben von einem Leben in der Empfindung sich erhoben hat zur Intellektualität, zum Denken. Daher muß heute durch den Spiegel des Denkens Gefühl und Empfindung wiederum angeregt werden, die sich ursprünglich an der Natur selber entzündet haben. So müssen heute die geisteswissenschaftlichen Schriften abgefaßt sein, sie müssen abgelesen sein in bezug auf ihre Stimmung dem Jahresgang des Weltenwerdens. Wenn man nur theoretisch schildert, dann ist das ganz sinnlos, dann führt das zu nichts anderem, als daß man die geistigen Dinge sich aneignet wie Dinge eines Kochbuches. Der Unterschied zwischen geisteswissenschaftlichen und anderen Büchern liegt nicht darin, daß man andere Dinge schildert, sondern hauptsächlich in dem Wie, in demjenigen, wie die Dinge gegeben werden. Daraus werden Sie ersehen, was geisteswissenschaftlichen Büchern zugrunde liegen muß, daß aus gewissen Tiefen heraus die Dinge geholt sind; daß, wie es die Aufgabe unserer Zeit ist, das darin sein muß, was auf dem Umwege durch die Gedanken wiederum die Gefühle entzünden kann.

Was müssen wir nun beachten, um auch heute eine Möglichkeit zu haben, etwas zu finden, das uns aus der Verwirrung wiederum herausbringt, in die die menschliche Seele gerät, wenn sie sich in das Labyrinth der geistigen kosmischen Ereignisse begibt? [...] Das wird uns in der Legende von Theseus angedeutet, der sich mit dem Faden der Ariadne in das Labyrinth begibt. Für die heutige Zeit ist dieser Ariadnefaden nichts anderes als ein Bild für die Begriffe, die wir in der Seele über die übersinnliche Welt ausbilden sollen. Es ist das geistige Wissen, das uns geboten wird durch die Geisteswissenschaft, damit wir mit Sicherheit hineingehen können in dieses Labyrinth der geistigen Welt des Makrokosmos. So soll dasjenige, was uns heute in der Geisteswissenschaft gegeben wird, was zunächst nur zur Vernunft spricht, ein Ariadnefaden sein. [...]

Wenn dann der Mensch auf sich wirken läßt entweder das, was wir gezeigt haben als Empfindungen, die aus dem Werden der Natur selber heraus entzündet werden, oder durch Begriffe und Ideen, die wir eben charakterisiert haben, wenn der Mensch sich so entwickelt, dann erlangt er allmählich die Fähigkeit, furchtlos an jene geistige Macht heranzutreten, welche ihm sonst Furcht und Schrecken einflößen müßte. Es ist der große Hüter der Schwelle, der vor der großen geistigen Welt steht, unwahrnehmbar für das gewöhnliche Bewußtsein.» (GA 119, 23. 3. 1910, S. 102ff.)

p) Erdenwissen und Himmelserkenntnis.
Der Tagmensch und der Nachtmensch.
In das reine Denken kann das Ich-Wesen hineingeschoben werden.

In diesem Vortrag, der im Kontext der Krisen in der Anthroposophischen Gesellschaft im Jahr 1923 gehalten wurde, wird gezeigt, wie auf der Grundlage des erkrafteten Denkens das Studium betrieben werden muß, um Anthroposophie selbständig vertreten zu können:

«Was bezeugt das, wenn jemand sagt, ich höre das von geisteswissenschaftlicher Seite her? Das heißt, er weist darauf hin, daß er im passiven Denken verharrt, daß er auch die Geisteswissenschaft nur im passiven Denken aufnehmen will. Denn in dem Momente, wo er sich entschließt, die Gedanken, die ihm die anthroposophische Forschung überliefert, selbst in sich zu erzeugen, wird er auch imstande, mit seiner ganzen Persönlichkeit für ihre Wahrheit einzutreten, denn er erlebt dadurch die erste Stufe ihrer Wahrheit.

Mit anderen Worten: der Mensch ist im allgemeinen heute noch nicht dazu gekommen, die Realität, die er als unabhängige Realität im Schlafe erlebt, während des Wachlebens durch Willensstärke hineinzugießen in die Gedanken des Wachlebens. Wenn man Anthroposoph werden will in der Art, daß man die anthroposophischen Gedanken aufnimmt und dann nicht einfach passiv sich ihnen hingibt, sondern durch einen starken Willen dasjenige, was man während jeder Nacht im traumlosen Schlafe ist, hineingießt in die Gedanken, in die reinen Gedanken der Anthroposophie, dann hat man die erste Stufe desjenigen erklommen, was man heute berechtigt ist, Hellsehen zu nennen, dann lebt man hellsichtig in den Gedanken der Anthroposophie. Man lese ein Buch mit dem starken Willen, daß man nicht nur sein Tagleben in das anthroposophische Buch hineinträgt, daß man nicht so liest: vorgestern ein Stück, dann hört es auf, gestern, dann hört es auf, heute, dann hört es auf usw. Die Menschen lesen heute nur mit einem ihrer Lebensstücke, nämlich nur mit dem Tagesleben. So kann man ja natürlich Gustav Freytag lesen, so kann man auch Dickens lesen, Emerson kann man so lesen, aber nicht ein anthroposophisches Buch. Wenn man ein anthroposophisches Buch liest, muß man mit seinem ganzen Menschen hinein, und weil man im Schlafe bewußtlos ist, also keine Gedanken hat – aber der Wille dauert fort –, muß man mit dem Willen hinein. Wollen Sie dasjenige, was in den Worten eines wirklichen anthroposophischen Buches liegt, so werden Sie durch dieses Wollen wenigstens gedankenhaft unmittelbar hellsichtig. Und sehen Sie, dieser Wille, der muß noch hinein in diejenigen, die unsere Anthroposophie vertreten! Wenn dieser Wille hineinfährt wie ein Blitz in diejenigen, die unsere Anthroposophie vertreten, dann wird die Anthroposophie vor der Welt in der richtigen Weise vertreten werden können. Nicht irgendwelcher Zauberkünste bedarf es dazu, sondern des energischen Wollens, das nicht nur die Lebensstücke während des Tages hineinträgt in das Buch. [...] Wenn man aber mit seinem ganzen Menschen untertaucht in ein Buch, das aus der Anthroposophie entstammt, dann wird es in einem lebendig.

Das ist aber dasjenige, was beachtet werden sollte, namentlich von jenen, die führende Persönlichkeiten sein sollen innerhalb der Anthroposophischen Gesellschaft. Denn dieser Anthroposophischen Gesellschaft schadet es ungeheuer, wenn gesagt wird: Ja, die Anthroposophie wird verkündet von Menschen, die nicht für sie eintreten können. – Wir müssen eben dazu kommen, zu dem bloßen passiven intellektualistischen Erleben der anthroposophischen Wahrheiten das Aufgehen mit unserem ganzen Menschen in diesen anthroposophischen Wahrheiten zu finden. Dann wird dasjenige, was anthroposophische Verkündigung ist, nicht in der lendenlahmen Weise auftreten, daß man immer nur sagt: Von geisteswissenschaftlicher Seite wird uns versichert –, sondern dann wird man die anthroposophische Wahrheit als sein eigenes Erleben verkündigen können, wenigstens zunächst für das, was dem Menschen am allernächsten liegt, zum Beispiel für das medizinische Gebiet, für das physiologische Gebiet, für das biologische Gebiet, für das Gebiet der äußeren Wissenschaften oder des äußeren sozialen Lebens. Wenn auch nicht die Gebiete der höheren Hierarchien auf dieser ersten Stufe des Hellsehens zugänglich werden, aber das, was als Geist in unserer unmittelbaren Umgebung ist, das kann auf diese Weise auch wirklich Gegenstand der menschlichen Seelenverfassung der Gegenwart sein.» (GA 221, 3. 2. 1923, S. 37ff.)

q) Anthroposophische Gemeinschaftsbildung

Der folgende Ausschnitt aus dem Vortrag vom 6. Februar 1923 gehört in denselben inhaltlichen Kontext wie der vorige, ist aber in Stuttgart gehalten.

«Es treten Menschen auf, die das Anthroposophische mit Recht, mit vollem Recht, mit Enthusiasmus verkünden. Sie betonen dabei aber, daß sie bei dieser Verkündung eine Lehre geben, die ihrer Erfahrung zunächst nicht zugänglich sei, die sie vertreten als eine Lehre, die nur dem Geistesforscher als solchem zugänglich sei. Dadurch wird ein Konflikt herbeigeführt mit der Geisteshaltung der heutigen Zivilisation. Die heutige Zivilisation macht dem Menschen einen Vorwurf, wenn er gewissermaßen doch auf eine Art Autorität hin irgendeine Weltanschauung vertritt. Dieser Vorwurf würde ja wegfallen, wenn man gründlich einmal hüben und drüben einsehen würde, daß die Ergebnisse der Geistesforschung, wie sie in der Anthroposophie gemeint sind, zwar gefunden werden müssen mit Methoden, die der einzelne sich auf verschiedenen Wegen aneignen muß, daß diese Ergebnisse aber von dem wirklich unbefangenen Menschenverstande, wenn sie einmal da sind, tatsächlich auch eingesehen werden können. Aber dasjenige, was auf einem gemeinsamen Boden des wirklich unbefangenen Menschenverstandes gefunden werden könnte, das wird dennoch nicht immer zu etwas Fruchtbarem führen, wenn nicht gerade auf dem Boden der Anthroposophie noch etwas auftritt wie eine Art anderer Haltung als es diejenige ist, die viele von denen einnehmen, die heute auch Anthroposophie verkünden. Es handelt sich dabei um folgendes.

Ich möchte zurückverweisen auf mein Buch ‹Die Philosophie der Freiheit›, das ja vor drei Jahrzehnten der Öffentlichkeit übergeben worden ist. Und ich möchte darauf aufmerksam machen, daß ich in diesem Buche bereits hingewiesen habe auf eine besondere Art des Denkens, die anders ist als diejenige, die man gewöhnlich heute zugibt. [...]

Was für eine Art von Lesen war nun vorausgesetzt bei dieser ‹Philosophie der Freiheit›? Bei dieser ‹Philosophie der Freiheit› war eine besondere Art des Lesens vorausgesetzt. Es war vorausgesetzt, daß der Leser, während er das Buch liest, eine Art inneren Erlebnisses durchmacht, welches man wirklich äußerlich vergleichen kann mit dem Aufwachen, das man morgens früh erlebt, wenn man vom Schlaf- in den Wachzustand übergeht. Man sollte sich gewissermaßen so fühlen: In dem passiven Denken habe ich auf einer höheren Stufe der Welt gegenüber doch nur geschlafen, jetzt wache ich auf –, so wie man des Morgens, wenn man aufwacht, weiß: du bist passiv im Bette gelegen, du hast dich hingegeben dem Lauf des Naturgeschehens in deinem Leibe, du fängst jetzt an, innerlich tätig zu sein, du verbindest jetzt die Tätigkeit deiner Sinne mit dem, was draußen in der tönenden, farbigen Welt vorgeht, du verbindest jetzt die Tätigkeit deines eigenen Leibes mit deinen Intentionen. – Dieses Moment des Übergehens aus einem bloßen Erleiden in ein Tätigsein, das ist es, was auf einer höheren Stufe in ähnlicher Weise beim Lesen der ‹Philosophie der Freiheit› in dem Menschen auftauchen sollte. Er sollte sich gewissermaßen sagen: Ja ich habe bisher gedacht, aber dieses Denken bestand eigentlich darin, daß ich die Gedanken in mir strömen ließ, ich gab mich hin dem Strom der Gedanken. Jetzt beginne ich Stück für Stück meine innere Tätigkeit zu verbinden mit dem Gedanken; jetzt ist es so mit den Gedanken, wie wenn ich des Morgens aufwache und die Tätigkeit meiner Sinne verbinde mit der Farben- und Tonwelt oder die Tätigkeit meines Organismus verbinde mit meinem Willen. – Dadurch aber, daß man ein solches Aufwache-Erlebnis hat – ich habe darauf hingedeutet in meinem Buche ‹Vom Menschenrätsel›, da wo ich über Johann Gottlieb Fichte spreche –, kommt man zu einer Seelenhaltung, die eben durchaus eine andere Seelenhaltung ist als diejenige, die heute die gewöhnliche ist. Diese Seelenhaltung aber, zu der man da kommt, die führt einen nach und nach nicht bloß zu einer Erkenntnis, die man auf Autorität hinzunehmen hat, sondern sie führt einen dazu, sich zu sagen: Ja, was sind denn diese Gedanken, die du früher gehabt hast, und was ist denn die Tätigkeit, die du jetzt in deine passiven Gedanken, in die Gedanken, die du bloß zu erleiden hattest, hast hineinschlagen lassen? Was ist denn dasjenige, was da in dein früheres Denken hineingefahren ist, so wie das seelisch-geistige Leben des

Morgens in den Leib fährt? – Ich meine damit nichts anderes als die äußere Tatsache des Aufwachens. Da kommt man eben dazu, ein Erlebnis zu haben über das Denken, welches man gar nicht haben kann, solange man nicht das Denken auch als Lebendiges, als Aktives kennenlernt. […]

(S. 57) Dasjenige, was notwendig gewesen wäre, das ist, daß man abgekommen wäre davon, so etwas wie meine ‹Philosophie der Freiheit› mit derselben Seelenhaltung zu lesen, wie man etwa andere philosophische Darstellungen liest. Man hätte sie in der Seelenhaltung lesen müssen, durch die man aufmerksam wird darauf, daß man in eine ganz andere Art des Denkens, des Anschauens und des Wollens hineinkommt. Dann aber würde man gewußt haben: Man erhebt sich mit dieser andern Bewußtseinshaltung von der Erde in eine andere Welt hinein, und dann entspringt aus dem Bewußtsein einer solchen Seelenhaltung eben jene innere Festigkeit, welche mit Überzeugung reden darf von demjenigen, was die Geistesforschung ergründen kann. Liest man die ‹Philosophie der Freiheit› in richtigem Sinne, dann redet man über das, was der Geistesforscher zu sagen hat, der eben mehr ergründen kann als dasjenige, was der Anfänger kann, mit Sicherheit, mit innerer Überzeugung. Aber ein solcher Anfänger, wie ich ihn jetzt charakterisiert habe, kann eben schon durch das richtige Lesen der ‹Philosophie der Freiheit› jeder werden. Dieser Anfänger kann dann von dem Ausführlicheren, das der entwickelte Geistesforscher sagen kann, so reden wie derjenige, der Chemie gelernt hat, von Forschungsresultaten redet, die er auch nicht angesehen hat, von denen er aber weiß aus dem, was er gelernt hat, aus dem, wie man über die Sachen redet und wie sie der realen Sphäre des Lebens angehören. Immer kommt es darauf an, wenn es sich um Anthroposophie handelt, daß eine gewisse Seelenhaltung eintritt, nicht bloß das Behaupten eines andern Weltbildes, als man es im gewöhnlichen Bewußtsein hat. Das hat man eben nicht mitgemacht, die ‹Philosophie der Freiheit› anders zu lesen, als andere Bücher gelesen werden. Und das ist es, worauf es ankommt, und das ist es, worauf jetzt mit aller Schärfe hingewiesen werden muß, weil sonst eben einfach die Entwickelung der Anthroposophischen Gesellschaft ganz und gar zurückbleibt hinter der Entwickelung der Anthroposophie. Dann muß die Anthroposophie auf dem Umwege durch die Anthroposophische Gesellschaft von der Welt ja gänzlich mißverstanden werden, und dann kann nichts anderes herauskommen als Konflikt über Konflikt!» (GA 257, 6. 2. 1923, S. 50–58)

r) Anthroposophische Gemeinschaftsbildung

In diesem zentralen Vortrag über neue Wege der Gemeinschaftsbildung wird beschrieben, wie durch gemeinsames Anthroposophie-Erleben ein «umgekehrter Kultus» vollzogen werden kann. Bedeutend ist, daß in diesem Zusammenhang auf das Wie des Studierens hingewiesen wird.

«Finden sich Menschen, die mit Idealismus in einer Menschengruppe zusammenleben, die sich, sei es durch Vorlesen, sei es durch etwas anderes, dasjenige gegenseitig mitteilen, was Inhalt der Anthro-

Der Mensch besteht aus physischem Leib, Ätherleib, Astralleib und so weiter, der Mensch hat wiederholte Erdenleben, Karma, das heißt man nimmt Begriffe auf. Gewiß, das sind andere Begriffe als auf einem andern Felde, aber der geistige Prozeß, der sich abspielt, ist unter Umständen genau derselbe, wie wenn man ein Kochbuch liest. Denn gerade das habe ich ja oft gesagt, es handelt sich um den geistigen Prozeß, nicht um die Aufnahme von Ideen. Es ist ganz einerlei, ob Sie lesen, Sie sollen Butter in eine Pfanne gießen, Mehl hineintun, das durcheinanderrühren, Eier hineinschlagen, oder ob Sie lesen: Es gibt physischen Stoff, ätherische Kräfte, astralische Kräfte, die sind da durcheinandergemischt. Es ist ganz einerlei als Seelenprozeß, ganz einerlei, ob Sie Butter, Fett, Eier, Mehl auf irgendeinem Kochherde zusammengemischt haben oder ob Sie für die Menschenwesenheit physischen Leib, Ätherleib, Astralleib zusammengemischt sich vorstellen. Man kann aber auch die ‹Theosophie› so lesen, daß man weiß: In ihr sind Begriffe enthalten, die sich zu der gewöhnlichen Begriffswelt des Physischen so verhalten wie die Begriffswelt des Physischen zur Traumwelt. Sie gehören einer Welt an, in die man ebenso aus der gewöhnlichen physischen hinein erwachen muß, wie man aus der Traumwelt in die physische Welt erwacht. Es ist die Gesinnung, mit der man liest, die dann das richtige Kolorit den Dingen gibt. Und diese Gesinnung wird eben für den Menschen der Gegenwart, durch verschiedene Mittel natürlich, lebendig. Die andern, die der Mensch für sich ausmachen kann, sind ja alle beschrieben in ‹Wie erlangt man

Erkenntnisse der höheren Welten?›. Aber für den modernen Menschen ist eben auch noch die Durchgangsphase, ganz abgegrenzt von der Anschauung der höheren Welt, notwendig: daß er erwachen kann an dem Seelisch-Geistigen des andern Menschen zu dem Hineinleben in die geistige Welt, wie er erwacht aus dem Traumleben durch Licht und Geräusch und so weiter in die physische Welt herein.

Dafür muß man sich Verständnis erringen. Es ist notwendig, Verständnis zu erringen für das, was Anthroposophie in der Anthroposophischen Gesellschaft sein soll: ein Geistesweg soll sie sein. Dann findet sich auch die Gemeinschaftsbildung, wenn sie ein Geistesweg ist.» (GA 257, 3. 3. 1923, S. 178–181)

3. ANHANG

BIBLIOGRAPHIE

Einige weitere Stellen im Werk Rudolf Steiners

Aus der Vielzahl der Äußerungen Rudolf Steiners zum Studium seien noch ein paar Stellen angegeben, die zur Erweiterung und Vertiefung geeignet erscheinen; der Abdruck des Wortlautes hätte den Rahmen allerdings gesprengt.

Studium der Anthroposophie

GA 13, 142ff.
GA 13, S. 340–344
GA 13, S. 393
GA 16, S. 7 und S. 78ff.
GA 21, S. 53
GA 35, S. 92ff. Im Aufsatz «Philosophie und Anthroposophie»
GA 35, S. 404–408 «Frühere Geheimhaltung und jetzige Veröffentlichung übersinnlicher Erkenntnisse»
GA 145, 20. 3. 1913, S. 23f.
GA 169, 13. 6. 1916, S. 43f.
GA 176, 24. 7. 1917, S. 180ff.
GA 217, 10. 10. 1922, S. 125ff.
GA 253, 14. 9. 1915, S. 89ff.
GA 257, 30. 1. 1923, S. 32–40

Studium und Schulungsweg

GA 10, S. 52, S. 222f.
GA 17, S. 7f.
GA 17, S. 15f.

GA 55, 14. 3. 1907, S. 183–188
GA 95, 2. 9. 1906, S. 117
GA 97, diverse Vorträge, zum Beispiel S. 201ff., S. 209f., S. 218f., S. 234ff.
GA 99, 6. 6. 1907, S. 158ff.
GA 103, 31. 5. 1908, S. 195f.
GA 161, 9. 1. 1915, S. 19–22
GA 161, 27. 3. 1915, S. 160ff.
GA 176, 24. 7. 1917, S. 177f.
GA 198, 2. 7. 1920, S. 147ff.
GA 217, 12. 10. 1922, S. 148ff.
GA 266/2, S. 163
GA 322, 3. 10. 1920, S. 110ff.

Zur Entstehung der Werke, zur Sprache
GA 21, S. 142 «Ein wichtiges Merkmal der Geist-Wahrnehmung»
GA 35, «Die psychologischen Grundlagen ...», S. 127ff.
GA 119, 29. 3. 1910, S. 233ff.
GA 190, 28. 3. 1919, S. 62ff.
GA 271, 6. 5. 1918, S.156f.
GA 282, 7. 9. 1924, S. 97ff.

Weiterführendes
GA 152, 1. 5. 1913, S. 22
GA 168, 10. 10. 1916, S. 109ff.
GA 182, 9. 10. 1918, S. 148 im Gesamtkontext
GA 223, 1. 10. 1923, S. 154ff.
GA 260a, 3. Brief an die Mitglieder, S. 44ff.

Schriften zum Thema

Dietz, Karl-Martin (Hrsg.): Rudolf Steiners «Philosophie der Freiheit». Eine Menschenkunde des höheren Selbst, Stuttgart 1994 – ders.: Die Suche nach Wirklichkeit. Bewußtseinsfragen am Ende des 20. Jahrhunderts, Stuttgart 1988
Fucke, Erhard: Das anthroposophische Studium. Seine Bedeutung für den Schulungsweg, Stuttgart 1981

Kracht, Thomas (Hrsg.): Erfahrung des Denkens. Zum Studium der «Philosophie der Freiheit» Rudolf Steiners. Stuttgart 1996

Kühlewind, Georg: Vom Umgang mit der Anthroposophie, Stuttgart 1991

– ders.: Vom Normalen zum Gesunden. Wege zur Befreiung des erkrankten Bewußtseins, Stuttgart 1983, 5. Kapitel

– ders.: Die Wahrheit tun. Erfahrungen und Konsequenzen des intuitiven Denkens, Stuttgart 1978

– ders.: Im Grenzgang zu erringen. Zur Übungs- und Arbeitsweise geistiger Forschung, Stuttgart 1994

Lindenau, Christoph: Der übende Mensch. Anthroposophie-Studium als Ausgangspunkt moderner Geistesschulung, Stuttgart 1976

– ders.: Wie wird das gemeinsame Anthroposophie-Studium sozialkünstlerisch? In: Dorka, R.: Zum Erstaunen bin ich da, Dornach 1998

Niehaus, Wolfgang (Hrsg.): Lesen im anthroposophischen Buch. Ein Almanach, Stuttgart 1987

Palmer, Otto: Rudolf Steiner über seine «Philosophie der Freiheit». Monographie eines Buches, Stuttgart 1966

Prokofieff, Sergej O.: Die himmlische Sophia und das Wesen Anthroposophie, Dornach 1995; siehe 1. Teil: Das Studium der Geisteswissenschaft als Begegnung mit dem lebendigen Wesen Anthroposophia

Röschert, Günter: Anthroposophie als Aufklärung, München 1997

Schiller, Paul-Eugen: Der anthroposophische Schulungsweg. Ein Überblick, Dornach 1979

Schöffler, Heinz-Herbert: Das Lesen der modernen Sternenschrift, Basel 1990

Teichmann, Frank: Auferstehung im Denken, Stuttgart 1996

Unger, Carl: Versuch einer positiv-apologetischen Erarbeitung anthroposophischer Geisteswissenschaft. In: Carl Unger Schriften, Bd. 2, S. 32, Stuttgart 1964

Wittich, Justus; Stöckli, Thomas (Hrsg.): Anthroposophische Gesellschaft an der Jahrtausendschwelle. Eine Herausforderung, Dornach 1994

Witzenmann, Herbert: Die Philosophie der Freiheit als Grundlage künstlerischen Schaffens, Arlesheim 1980

Zimmermann, Heinz: Vom Sprachverlust zur neuen Bilderwelt des Wortes, Dornach 1995

– ders.: Sprechen, Zuhören, Verstehen in Erkenntnis- und Entscheidungsprozessen, Stuttgart 1991

Aufsätze

Arenson, Adolf: Zum Studium der Geisteswissenschaft. Vortrag vom 3. 2. 1913 in Berlin, Berlin 1913

Bauer, Michael: In welcher Seelenhaltung Anthroposophie studiert werden sollte, «Das Goetheanum», 1925, Nr. 20, S. 155

Göbel, Thomas: Zu Detlef Hardops Aufsatz «Denksinn und Denken», «Das Goetheanum», 1984, Nr. 35/36, S. 273

Gurlitt, Winfried: Inkarnation als Leitmotiv, «Das Goetheanum», 1977, Nr. 6, S. 43

Hardorp, Detlef: Denksinn oder Intuition?, «Die Drei», 1986, Nr. 11, S. 834

– ders.: Denksinn und Denken, «Das Goetheanum», 1984, Nr. 31/32 und 33/34, S. 242; siehe auch den Aufsatz von Thomas Göbel

Hiebel, Friedrich: Das Studium der Anthroposophie als Grundstufe des geistigen Erweckungsweges, «Das Goetheanum», 1981, Nr. 47, S. 369

– ders.: Das Vermächtnis der letzten Vorrede zur «Geheimwissenschaft» von Rudolf Steiner, «Das Goetheanum», 1986, Nr. 9, S. 57

– ders.: Die Entwicklung des Wiederverkörperungs-Kapitels in Rudolf Steiners Buch «Theosophie», «Das Goetheanum», 1961, Nr. 50, S. 402

– ders.: Die Vorreden der «Geheimwissenschaft», «Das Goetheanum», 1982, Nr. 39–41

– ders.: Ein Institut für rapides Lesen, «Das Goetheanum», 1962, Nr. 6, S. 46

– ders.: Michael-Zeit. Grundmotiv im Anfangskapitel der Geheimwissenschaft, «Das Goetheanum», 1986, Nr. 40, S. 305

– ders.: Schriftwerk und Vortragswerk in gegensätzlicher Eigenständigkeit, «Das Goetheanum», 1981, Nr. 46, S. 361

– ders.: Selbständiges Studium der Anthroposophie als Keim eigenständiger Geistesforschung, «Das Goetheanum», 1980, Nr. 11, S. 81

– ders.: Zu Schreibstil und Wortgestalt im Anfangskapitel der «Geheimwissenschaft», «Das Goetheanum», 1986, Nr. 21, S. 153
– ders.: Zum Schriftstellerstil Rudolf Steiners, «Das Goetheanum», 1981, Nr. 45, S. 353
– ders.: Zur Aufsatzbaukunst Rudolf Steiners, «Das Goetheanum», 1968, Nr. 45, S. 355
– ders.: Zur Entwicklungsgeschichte von Rudolf Steiners Buch «Theosophie», «Das Goetheanum», 1961, Nr. 49, S. 394
– ders.: Zur Neugestaltung des Anfangskapitels der «Geheimwissenschaft», «Das Goetheanum», 1982, Nr. 44, S. 345
– ders.: Zur Stilgestalt und Aufbaukunst im Schrifttum Rudolf Steiners, «Das Goetheanum», 1976, Nr. 42, S. 329

Klein, Elisabeth: Über das Lesen der Schriften Rudolf Steiners, «Das Goetheanum», 1979, Nr. 24, S. 188

Kollert, Günter: Sprachtheoretische Voraussetzungen für den Umgang mit inspirierten und kultischen Texten, «Das Goetheanum», 1986, Nr. 5, S. 25

Krüger, Manfred: Heideggers übende Erfahrung der Sprache, «Das Goetheanum», 1980, Nr. 14/15, S. 112
– ders.: Ideelles und meditatives Erleben, «Das Goetheanum», 1986, Nr. 9, S. 59
– ders.: Rudolf Steiners Denkstil, «Das Goetheanum», 1981, Nr. 29, S. 225

Lindenau, Christoph: Das Studium der Geisteswissenschaft als erste Stufe der Geistesschulung, «Das Goetheanum», 1963, Nr. 45, S. 364
– ders.: Die Erwerbung der ideellen Erkenntnis, «Das Goetheanum», 1964, Nr. 21, S. 161
– ders.: Die sieben Lebensprozesse, «Das Goetheanum», 1964, Nr. 29, S. 225
– ders.: Über die erste Stufe des geisteswissenschaftlichen Schulungsweges. In: «Mitteilungen aus der Anthroposophischen Arbeit in Deutschland», Jg. 1960, Nr. 54
– ders.: Vom Aufbau der Lebensorganisation, «Das Goetheanum», 1964, Nr. 30, S. 421
– ders.: Zur Charakteristik des geistigen Tastsinnes, «Das Goetheanum», 1963, Nr. 45, S. 364
– ders.: Zur Siebenheit der Lebensprozesse, «Das Goetheanum», 1964, Nr. 31, S. 241

Locher-Ernst, Louis: Rudolf Steiners Philosophie der Freiheit. Zum Gedenken ihrer Niederschrift vor fünfzig Jahren, «Das Goetheanum», 1943, Nr. 20, S. 157
Poppelbaum, Herman: Das Problem der Beweise im übersinnlichen Wissen, «Das Goetheanum», 1947, Nr. 42, S. 338
Steffen, Albert: Über das richtige Lesen und Vorlesen, «Das Goetheanum», 1950, Nr. 29, S. 225
Teichmann, Frank: Der dreifache Schriftsinn, «Die Drei», 1984, Nr. 5, S. 341
– ders.: Vom Wachsen der Zusammenhänge. Stufen des geisteswissenschaftlichen Urteils, «Die Drei», 1996, Nr. 10, S. 941
Unger, Carl: Zur Hermeneutik der Geisteswissenschaft. In: Carl Unger Schriften, Bd. 1, Stuttgart 1964, S. 74
– ders.: Ein Weg der anthroposophischen Weltanschauung. In: Carl Unger Schriften, Bd. 1, S. 175
Vandercruysse, Rudi: Was geistige Wesen im Verstand zu wirken vermögen, «Die Drei», 1996, Nr. 10, S. 947

Nachweis der zitierten Werke Rudolf Steiners

GA bedeutet die Gesamtausgabe der Werke Rudolf Steiners im Rudolf Steiner Verlag Dornach. Die Nummer bezeichnet die Bibliographie-Nummer. Die Jahreszahlen sind die Erscheinungsjahre der verwendeten Ausgabe. Hochgestellte Zahlen zeigen die Nummer der Auflage an. Die Jahreszahl in Klammern nennt das Ersterscheinungsjahr der Bücher.

GA 4: Die Philosophie der Freiheit. Grundzüge einer modernen Weltanschauung, 1973[13] (1894)
GA 9: Theosophie. Einführung in übersinnliche Welterkenntnis und Menschenbestimmung, 1978[30] (1904)
GA 10: Wie erlangt man Erkenntnisse der höheren Welten?, 1975[22] (1904/5)
GA 12: Die Stufen der höheren Erkenntnis, 1959[5] (1905–1908)
GA 13: Die Geheimwissenschaft im Umriß, 1989[30] (1910)
GA 16: Ein Weg zur Selbsterkenntnis des Menschen in acht Meditationen, 1968[6] (1912)
GA 17: Die Schwelle der geistigen Welt. Aphoristische Ausführungen, 1987[7] (1913)

GA 21: Von Seelenrätseln, 1976[4] (1917)

GA 28: Mein Lebensgang, 1962[7] (1923–25)

GA 35: Philosophie und Anthroposophie. Gesammelte Aufsätze 1904–1923, 1984[2]

GA 36: Der Goetheanumgedanke inmitten der Kulturkrisis der Gegenwart, 1961

GA 55: Die Erkenntnis des Übersinnlichen in unserer Zeit und deren Bedeutung für das heutige Leben, 1983[2]

GA 95: Vor dem Tore der Theosophie, 1978[3]

GA 97: Das christliche Mysterium, 1981[2]

GA 99: Die Theosophie des Rosenkreuzers, 1979[6]

GA 103: Das Johannes-Evangelium, 1981[10]

GA 119: Makrokosmos und Mikrokosmos, 1988[3]

GA 145: Welche Bedeutung hat die okkulte Entwickelung des Menschen für seine Hüllen – physischen Leib, Ätherleib, Astralleib – und sein Selbst?, 1986[5]

GA 152: Vorstufen zum Mysterium von Golgatha, 1980[2]

GA 161: Wege der geistigen Erkenntnis und der Erneuerung künstlerischer Weltanschauung, 1980[1]

GA 168: Die Verbindung zwischen Lebenden und Toten, 1984[3]

GA 169: Weltwesen und Ichheit, 1963[2]

GA 176: Menschliche und menschheitliche Entwicklungswahrheiten, 1982[2]

GA 182: Der Tod als Lebenswandlung, 1986[3]

GA 187: Wie kann die Menschheit den Christus wiederfinden?, 1979[3]

GA 190: Vergangenheits- und Zukunftsimpulse im sozialen Geschehen, 1980[3]

GA 198: Heilfaktoren für den sozialen Organismus, 1984[2]

GA 217: Geistige Wirkenskräfte im Zusammenleben von alter und junger Generation. Pädagogischer Jugendkurs, 1988[6]

GA 221: Erdenwissen und Himmelserkenntnis, 1981[2]

GA 223: Der Jahreskreislauf als Atmungsvorgang der Erde und die vier großen Festeszeiten, 1990[7]

GA 253: Probleme des Zusammenlebens in der Anthroposophischen Gesellschaft, 1989[1]

GA 257: Anthroposophische Gemeinschaftsbildung, 1989[4]

GA 260a: Die Konstitution der Allgemeinen Anthroposophischen Gesellschaft und der Freien Hochschule für Geisteswissenschaft, 1987[2]

GA 266/2: Aus den Inhalten der esoterischen Stunden, Band 2, 1910–1912, 1996
GA 271: Kunst und Kunsterkenntnis. Grundlagen einer neuen Ästhetik, 1985[3]
GA 275: Die Kunst im Lichte der Mysterienweisheit, 1980[2]
GA 282: Sprachgestaltung und Dramatische Kunst, 1969[3]
GA 293: Allgemeine Menschenkunde als Grundlage der Pädagogik, 1980[8]
GA 302a: Erziehung und Unterricht aus Menschenerkenntnis, 1993[4]
GA 322: Grenzen der Naturerkenntnis, 1981[5]

«Der Komponist arbeitet aufgrund der Kompositionslehre. Die letztere ist eine Summe von Kenntnissen, deren Besitz eine notwendige Vorbedingung des Komponierens ist. Im Komponieren dienen die Gesetze der Kompositionslehre dem Leben, der realen Wirklichkeit. Genau in demselben Sinne ist die Philosophie eine Kunst. Alle wirklichen Philosophen waren Begriffskünstler. Für sie wurden die menschlichen Ideen zum Kunstmateriale und die wissenschaftliche Methode zur künstlerischen Technik. Das abstrakte Denken gewinnt dadurch konkretes, individuelles Leben. Die Ideen werden Lebensmächte. Wir haben dann nicht bloß ein Wissen von den Dingen, sondern wir haben das Wissen zum realen, sich selbst beherrschenden Organismus gemacht; unser wirkliches, tätiges Bewußtsein hat sich über ein bloß passives Aufnehmen von Wahrheiten gestellt» («Die Philosophie der Freiheit», GA 4, S. 270).

HEINZ ZIMMERMANN

im Verlag am Goetheanum

Vom Sprachverlust zur neuen Bilderwelt des Wortes

Sprachmagie – Sprachmanipulation –
Sprache als Informationsträger – Spracherneuerung
durch Rudolf Steiner

1995, 108 S., kart.
ISBN 3-7235-0896-0

Von den Auftriebskräften in der Erziehung

1997, 94 S., kart.
ISBN 3-7235-1000-0

Grammatik

Spiel von Bewegung und Form

1997, 136 S., kart.
ISBN 3-7235-0929-0

im Verlag Freies Geistesleben

Sprechen, Zuhören, Verstehen

in Erkenntnis- und Entscheidungsprozessen

3. Aufl. 1992, 96 S., kart.
ISBN 3-7725-1207-0

Heinz Zimmermann (Hrsg.)

REINKARNATION UND KARMA IN DER ERZIEHUNG

Mit folgenden Beiträgen:

Stefan Leber:
Reinkarnation und Karma –
Grundlage allen wahrhaften Erziehens

Ernst-Michael Kranich:
Menschenerkenntnis unter dem Gesichtspunkt
von Reinkarnation

Pirkko Helakangas/Robert Thomas:
Arbeit an der Schicksalsgemeinschaft
in der Unter- und Oberstufe

Anne Tandree/Martyn Rawson:
Karmische Elemente in der Arbeit des Kollegiums

Joan Almon:
Das Kleinkind am Ende des Jahrhunderts

Christof J. Wiechert:
Zum Umgang mit den Karmaübungen

Heinz Zimmermann:
Das Schicksal der anthroposophischen
Schulbewegung am Ende des Jahrhunderts

1998, 120 S., kart., DM 24,–/Fr. 22,–/ÖS 205,–
ISBN 3-7235-0997-5

VERLAG AM GOETHEANUM